Selbst renovieren

– öko-
logisch!

VERBRAUCHER
ZENTRALE

Herausgeber:
Verbraucher-Zentrale Nordrhein-Westfalen e.V.
Mintropstr. 27, 40215 Düsseldorf
Tel. 0211/38 09-0, Fax 0211/38 09-172,
e-mail: vz.nrw@t-online.de; http://www.vz-nrw.de

Arbeitsgemeinschaft der Verbraucherverbände e.V.
Heilsbachstr. 20, 53123 Bonn
Tel. 0228/64 89-0, Fax 0228/64 42 58,
e-mail: mail@agv.de; http://www.agv.de

Verbraucher-Zentrale Baden-Württemberg e.V.
Paulinenstr. 47, 70178 Stuttgart
Tel. 0711/66 91-10, Fax 0711/66 91-50
e-mail: VZ.Ba-Wue@t-online.de;
http://www.verbraucherzentrale.de

Verbraucher-Zentrale Hamburg e.V.
Kirchenallee 22, 20099 Hamburg
Tel. 040/2 48 32-0, Fax 040/2 48 32-290
e-mail: 100665.216@compuserve.com;
http://ourworld.compuserve.com/
homepages/VerbraucherzentraleHamburg

Verbraucher-Zentrale Hessen e.V.
Reuterweg 51-53, 60323 Frankfurt/Main
Tel. 069/97 20 10-0, Fax 069/97 20 10-50
e-mail: vzh@verbraucher.de;
http://www.verbraucher.de

Verbraucher-Zentrale Niedersachsen e.V.
Herrenstr. 14, 30159 Hannover
Tel. 0511/9 11 96 01, Fax 0511/9 11 96 10
e-mail: vzn@compuserve.com
http://www.verbraucherberatung.de

Text: Armin Radünz, Alexandra Krings
Redaktion & Koordination: Ilse Mara Berzins, Petra Geers
Gestaltung & Illustrationen: Susanne Wolff, Essen
Lithografie: Graphix Line GmbH, Essen
Druck & Bindung: B.O.S.S Druck und Medien, Kleve

Düsseldorf, 1. Auflage, 15.000 Exemplare 1999

ISBN: 3-923214-05-7

EINFÜHRUNG

Dieses Buch soll Ihnen bei der Beantwortung von Fragen helfen, die bei der Renovierung Ihrer vier Wände auftauchen. Dabei folgen wir der Devise: Praxis geht vor Theorie. Denn wer vor dem Problem steht, daß seine Fenster dringend einer Überholung bedürfen, möchte schnell und ohne Umschweife wissen, wie er vorgehen soll, was er dafür braucht, wo er es bekommt und wieviel es ungefähr kostet. Deshalb haben wir eine Struktur gewählt, die sich an der jeweils konkreten Situation orientiert. Unsere Darstellungen und Anleitungen sind auf den handwerklich durchschnittlich begabten Menschen ausgerichtet. Er soll durch diesen Ratgeber in die Lage versetzt werden, gewisse Renovierungsarbeiten selbst zu machen, damit Geld zu sparen und hoffentlich sogar Vergnügen an der Sache zu finden. Voraussetzung ist dabei, daß Sie sich die Arbeiten zutrauen und ähnliche Tätigkeiten schon einmal gemacht haben, zumindest jedoch mit den erforderlichen Werkzeugen vertraut sind. Wir wollen Sie aber auch nicht überfordern. Deshalb verweisen wir Sie bei Aufgaben, die wir als zu knifflig oder zu aufwendig einschätzen, an Fachleute. An die sollten Sie sich auch dann wenden, wenn Sie sich selbst nicht sicher genug fühlen und Ihnen das finanzielle Risiko im Falle eines Fehlschlags zu hoch erscheint. Zwar sind wir beim Verfassen nach bestem Wissen und Gewissen verfahren, doch eine Garantie für das Gelingen können wir nicht übernehmen.

„Jeder Jeck ist anders“, wie man im Rheinland sagt. Damit Sie für das individuelle Problem, vor dem Sie bei einer Renovierungsarbeit stehen, die Lösung finden, die Ihren Bedürfnissen entspricht, haben wir zu Beginn der Hauptkapitel über Fenster, Fußböden und Innenwände je ein **Entscheidungsraster** eingefügt. Sie beginnen auf der linken Seite des Rasters, indem Sie das zu lösende

Problem heraussuchen und folgen den für Sie zutreffenden Pfeilen nach rechts. Dort finden Sie die Lösungen. Dabei gibt es häufig nicht nur *eine* richtige Methode: Wollen Sie möglichst kostensparend arbeiten? Legen Sie mehr Wert auf Gründlichkeit? Soll das Ergebnis möglichst lange halten? Möchten Sie sich so wenig Mühe wie möglich machen? Soll das Ergebnis ästhetisch besonders ansprechend sein? Wo immer es möglich ist, können Sie sich zwischen zwei oder mehreren dieser Alternativen entscheiden (manchmal sind sogar Kombinationen möglich). Damit Ihnen diese Entscheidung leichter fällt, haben wir jede dieser Möglichkeiten durch ein Symbol gekennzeichnet. Diese Symbole bedeuten folgendes:

 preisgünstig

 leicht zu verwirklichen

 gründlich

 strapazierfähig

 ästhetisch

 behaglich

 dauerhaft

 Das sollten Sie einem Fachbetrieb überlassen.

Am Rand verweist jeweils eine Zahl auf die entsprechende Seite in diesem Ratgeber. Dort finden Sie nicht nur alle Informationen, die Sie für die Tätigkeit brauchen, sondern auch eine genaue Beschreibung, wie Sie vorgehen sollten. Das Verfahren ist dabei ähnlich wie bei einem Kochrezept: Zunächst führt eine Materialliste mit vielen Zirkapreisen die Werkzeuge und das Verbrauchsmaterial auf, die Sie benötigen, anschließend wird jeder einzelne Arbeitsschritt geschildert, ergänzt um passende Querverweise und nützliche Tips – da kann doch eigentlich nichts mehr schiefgehen.

„Und wo bleibt der **Umweltschutz**?" werden Sie jetzt fragen. Nun, der Clou an der Sache ist: Alle Möglichkeiten, die wir Ihnen anbieten, sind nach unseren Recherchen umweltverträglich. Die Methoden, die wir für ökologisch nicht vertretbar halten, haben wir bewußt außer acht gelassen. Das kann auch der Grund dafür sein, daß Sie eine Ihnen bekannte Vorgehensweise vielleicht nicht wiederfinden. Wenn Sie aber der Meinung sind, wir hätten eine umweltverträgliche Methode vergessen, scheuen Sie sich nicht, uns dies mitzuteilen.

Bei Vergleichen verschiedener Produkte haben wir auch ökologisch nicht optimale Erzeugnisse mit aufgeführt. Wir wollen nämlich, daß Sie das Marktangebot insgesamt besser beurteilen können. Das gilt besonders für solche Produkte, die im Trend liegen.

Zu einzelnen Verfahren, die bei unterschiedlichen Renovierungsarbeiten zum Einsatz kommen, finden Sie Hinweise in Kästen, die den einzelnen Kapiteln beigefügt sind. Darüber hinaus sollen Übersichten mit Produktvergleichen sowie Kästen mit wichtigen Hintergrundinformationen Ihnen helfen, bei allen Renovierungsfragen die Entscheidung zu treffen, die Sie am meisten befriedigt. Mit Hilfe des Registers am Ende des Ratgebers können Sie das Thema, das Sie am brennendsten interessiert, leicht finden. Im **Schlußteil** des Ratgebers geht es um das Spannungsfeld zwischen Heimwerken und Ökologie. Außerdem sagen wir Ihnen, wo Sie weitergehende Informationen erhalten können.

ÖKOLOGISCH RENOVIEREN – UNSERE KRITERIEN

Bislang gibt es keine einheitliche Definition dessen, was als „ökologisch" zu gelten hat. Auch im Bereich des Bauens und Renovierens gehen die Meinungen dazu mitunter weit auseinander. Die einzige Gemeinsamkeit der verschiedenen Auffassungen scheint darin zu bestehen, daß der Begriff grundsätzlich positiv besetzt wird. Um nicht die Auswahl jedes Produkts oder jeden Arbeitsschritt begründen zu müssen, wollen wir hier die Kriterien vorstellen, an denen wir uns orientiert haben.

Grundlage unserer Beurteilung ist die folgende Definition des Umweltbundesamtes*:

„Ökologisch orientiertes Bauen strebt in allen Phasen des Lebenszyklus von Gebäuden – von der Erstellung über die Nutzung und Erneuerung bis zur Beseitigung – eine Minimierung des Verbrauchs von Energie und Ressourcen sowie eine Minimierung der Belastung des Naturhaushalts an. Im einzelnen läßt sich ökologisch orientiertes Bauen durch folgende Handlungsgrundsätze charakterisieren: (...)

– den Ressourcenverbrauch bei der Erstellung, der Nutzung und der Beseitigung eines Gebäudes minimieren,

– Verunreinigungen von Luft, Boden und Wasser sowie Abwärme, Abfälle und Lärmentwicklung vermeiden oder gering halten, (...)

– sparsam und rationell mit Energie und Wasser umgehen, umweltfreundliche, gesundheitlich unbedenkliche Baustoffe einsetzen,

– die Tier- und Pflanzenwelt erhalten (...)."

* Umweltbundesamt: „Leitfaden zum ökologisch orientierten Bauen", 3. Auflage, Heidelberg 1997

Dazu kommt der unseres Erachtens viel zu wenig beachtete Grundsatz, daß Materialien, die sich ökologisch nennen, für eine größere Zahl von Verbrauchern zur Verfügung stehen sollen. Für die Umwelt ist nämlich nur dann etwas zu gewinnen, wenn viele die Möglichkeit haben, etwas zu tun.

Energie:

Aufgrund der Begrenztheit der Energiereserven der Erde und der besonders schwerwiegenden Problematik des Treibhauseffekts haben wir dem Energieverbrauch besondere Bedeutung beigemessen. Dabei können die unterschiedlichsten Stationen im Lebensweg eines Produktes bedeutend sein. Während bei dem einen Produkt die Rohstoffbeschaffung besonders energieintensiv ist, kann es bei einem anderen die Herstellung von Zwischenprodukten, deren Verarbeitung oder auch der Transport sein. Das dritte wiederum verbraucht besonders viel Energie während seiner Nutzungsphase oder trägt zu einem hohen Verbrauch bei – ein Aspekt, der beispielsweise bei Fenstern besonders wichtig ist. Gleichgültig, ob es sich um Elektrizität, Wärme oder Licht handelt – wichtig ist, daß das Produkt „unter dem Strich" möglichst wenig Energie verbraucht.

Rohstoffe:

Als zweites wichtiges Kriterium haben wir den Ressourcenverbrauch in die Bewertung einbezogen. Ein Produkt, dessen Rohstoff aus „Abfall" besteht – also ein Recyclingprodukt – wird diesbezüglich besser bewertet als eines, das nachwachsende Rohstoffe verbraucht. Am schlechtesten kommt ein Produkt aus nichtnachwachsenden Rohstoffen weg. Das gilt besonders dann, wenn diese außerdem noch knapp sind. In engem Zusammenhang mit dem Ressourcenverbrauch steht die Zerstörung der Tier- und Pflanzenwelt oder der Landschaft. Die übliche Gewinnung von Tropenholz ist in diesem Sinne nicht nur als eine Übernutzung von Rohstoffen zu sehen. Sie zerstört im allgemeinen unwiederbringlich Lebensräume und damit ganze Tier- und Pflanzenarten. Die bessere Alternative dazu heißt: einheimisches Holz. Ein anderes Beispiel: Der Abbau von Naturgips nimmt sicherlich keine knappen Ressourcen in Anspruch. Dafür trägt er zur Zerstörung der Landschaft bei. Deshalb sind Produkte mit Gips aus Rauchgasentschwefelungsanlagen (sogenannter REA-Gips) eindeutig besser. Eine höhere Schadstoffbelastung, wie sie oft befürchtet wird, ist nicht zu erwarten.

Schadstoffe:

Über den gesamten Lebensweg eines Produkts, von der Rohstoffgewinnung über die Verarbeitung, Transporte, Lagerung und Nutzung bis hin zu seinem „Ende" als Abfall, sollten möglichst wenig Schadstoffe in die Umwelt freigesetzt werden. Welchen Stellenwert auch hierbei die Transportvorgänge haben können, soll das folgende Beispiel demonstrieren: Der Transport eines Baustoffs mit einem LKW über nur 150 Kilometer setzt so viele Schadstoffe frei, daß er als Sondermüll entsorgt werden müßte, wenn sie sich in ihm ansammelten, anstatt in der Umwelt verteilt zu werden. Unter diesem Aspekt – und viel mehr noch wegen des Verbrauchs von Energie beim Transport – sollten Sie nach Möglichkeit solchen Produkten den Vorzug geben, die in Ihrer Region hergestellt werden. Noch besser ist es, wenn die Rohstoffe ebenfalls von dort stammen.

Haltbarkeit / Reparierbarkeit:

Alle Vergleiche zwischen verschiedenen Produkten brauchen eine faire Basis. Dazu gehört, daß die Lebensdauer in die Betrachtung einbezogen wird. Für die Umwelt ist nichts gewonnen, wenn ein bestimmtes Produkt die Umwelt nur halb so viel belastet wie ein anderes, seine tatsächliche Lebensdauer aber nur ein Drittel beträgt und es entsprechend früher ersetzt bzw. erneuert werden muß („tatsächlich" deshalb, weil die Lebensdauer bei einigen Produkten, z. B. Tapeten, weniger von ihrer Haltbarkeit als vielmehr von der Mode oder dem persönlichen Geschmack der Bewohner abhängt). Wie lange ein Produkt hält, ist in vielen Fällen nicht endgültig durch das Material festgelegt. Die gesamte Konstruktion, der richtige Einbau bzw. die richtige Verarbeitung, die Pflege und nicht zuletzt die Reparierbarkeit des Produkts haben oft einen entscheidenden Einfluß auf seine Lebensdauer.

Entsorgung:

Am Ende seines Produktlebens sollte die Beseitigung möglichst umweltgerecht erfolgen können, das heißt, die Abfallmenge sollte möglichst klein und vor allen Dingen wenig schadstoffbelastet sein. Auch bei der Entsorgung sollten keine problematischen Schadstoffe entstehen.

Gesundheitsbeeinträchtigungen:

Obwohl bei unseren Empfehlungen eindeutig die Schonung der „äußeren Umwelt", also die zuvor genannten Aspekte, im Vordergrund stehen, empfehlen wir Ihnen selbstverständlich keine Materialien oder Arbeitsweisen, die zu gesundheitlichen Problemen führen. Weder der Heimwerker noch die (Mit-)Bewohner sollen durch Schadstoffe in Innenräumen oder ein ungesundes Raumklima beeinträchtigt werden. Wenn Ihnen solche Aspekte besonders am Herzen liegen, empfehlen wir die Lektüre eines unserer Ratgeber, der sich speziell mit den Belastungen der Innenraumluft beschäftigt („Schadstoffe in der Wohnraumluft – Gesundheitsgefahren erkennen, beseitigen und vermeiden", Verbraucher-Zentrale NRW u. a. , Düsseldorf 1996). Sollten Sie einige Unterschiede zwischen den Empfehlungen dieses und jenes Ratgebers entdecken, so sind diese in aller Regel auf die jeweils andere Schwerpunktsetzung zurückzuführen. Es ist eben nicht immer möglich, alle positiven Aspekte unter einen Hut zu bringen. In solchen Fällen liegt es bei Ihnen zu entscheiden, ob Sie persönlich den Umwelt- oder den Gesundheitsschutz für wichtiger halten und entsprechend handeln.

Die „Augen des Hauses" –

FENSTER

1

DIE „AUGEN DES HAUSES" – FENSTER

Fenster erfüllen für die Bewohner eines Hauses wesentliche Funktionen. Sie sorgen für „Durchblick" nach draußen und natürliche Beleuchtung und regulieren die Luftqualität und -feuchtigkeit. Darüber hinaus lassen sie an kalten Tagen wärmende Sonnenstrahlen herein. Nicht zuletzt prägen sie wesentlich das äußere Erscheinungsbild eines Hauses.

Fenster sind notwendigerweise Schwachstellen in der Gebäudehülle. Bei einem typischen Wohnhaus der 60er Jahre geht ohne nachträgliche Wärmeschutzmaßnahmen ein Viertel der Heizenergie über die Fenster verloren (☞ Gegen Wärmeverluste isolieren, S. 45).

Es gibt also gute Gründe, Fenstern besondere Aufmerksamkeit zu widmen – sei es, um den Geldbeutel zu schonen oder unter dem Gesichtspunkt des Umweltschutzes. Beides spricht auch dafür, ein vorhandenes Fenster möglichst zu erhalten. Abgesehen davon, daß die Instandhaltung – und oft auch die Instandsetzung – billiger ist als eine Neuanschaffung, verbraucht die Herstellung eines neuen Fensters (wie die eines jeden Produkts) Rohstoffe und Energie, erzeugt Abfälle und setzt Schadstoffe in Wasser, Boden oder Luft frei. Wir machen Ihnen deshalb vorrangig Vorschläge zur Renovierung. Dabei beschränken wir uns auf Holzfenster, denn damit sind die weitaus meisten Eigenheime ausgestattet. Die Renovierung von Kunststoff- oder Aluminiumfenstern ist demgegenüber entweder nicht notwendig oder – im Fall von Beschädigungen – gar nicht möglich. Heimwerker haben es also meist mit Holzfenstern zu tun.

Die Umweltverträglichkeit eines Fensters wird in erster Linie daran gemessen, wie wenig Wärme es durchläßt. Allerdings müssen alte Fenster aber nicht gleich auf den Müll wandern, nur weil sie in dieser Beziehung nicht optimal sind. Oft lassen sie sich zu einem geringeren Preis nachrüsten, als ein neues kosten würde. Wie teuer das im einzelnen wird, hängt unter anderem davon ab, wieviel Sie dabei selbst machen können. Wir wollen Ihnen in diesem Kapitel zeigen, welche Möglichkeiten Sie haben, die Wärmedämmung eines alten Fensters zu verbessern (☞ Isolieren, S. 39, ☞ Gegen Wärmeverluste isolieren, S. 45).

Nach den Wärmeverlusten hat selbstverständlich auch die Produktion ihre Auswirkungen auf die Umwelt. Ein Fenster, das nicht hergestellt zu werden braucht, ist die günstigste Alternative – nicht nur für die Umwelt, sondern auch für Ihren Geldbeutel. Und je besser die Pflege, desto größer ist die Lebenserwartung des Fensters. Dabei spielt die Qualität des Anstrichs die entscheidende Rolle. Wir wollen Ihnen helfen, mit umweltverträglichen Mitteln die Lebensdauer Ihrer Holzfenster zu verlängern (☞ Renovieren des Anstrichs, S. 20).

Oft können auch alte „Schätzchen“ repariert werden, die scheinbar ihre besten Zeiten schon hinter sich haben. Bevor Sie sich zu einer Neuanschaffung entschließen, sollten Sie von einem Fachbetrieb (Schreinerei, Glaserei, Fensterbauer) prüfen lassen, ob und zu welchem Preis eine Reparatur möglich ist. Wenn es sich um ein Gebäude aus vergangenen Bauepochen handelt und der Stil bewahrt werden soll, sind für eine Reparatur vielleicht sogar Mehrkosten gegenüber dem Einbau neuer Fenster gerechtfertigt. Das gilt insbesondere dann, wenn es sich um Kasten- oder Doppelfenster handelt. Denn schon von ihrem Konstruktionsprinzip her dämmen sie Wärme und vor allen Dingen Schall sehr gut und sollten auch daher möglichst erhalten bleiben. Wir wollen Ihnen zeigen, wie Sie dabei vorgehen können (☞ Rahmenhölzer reparieren lassen / Flügel austauschen lassen, S. 37, ☞ Zerbrochene Scheiben ersetzen, S. 33, ☞ Bedienungsmängel beheben, S. 38).

ENTSCHEIDUNGSRASTER ZUR FENSTERRENOVIERUNG

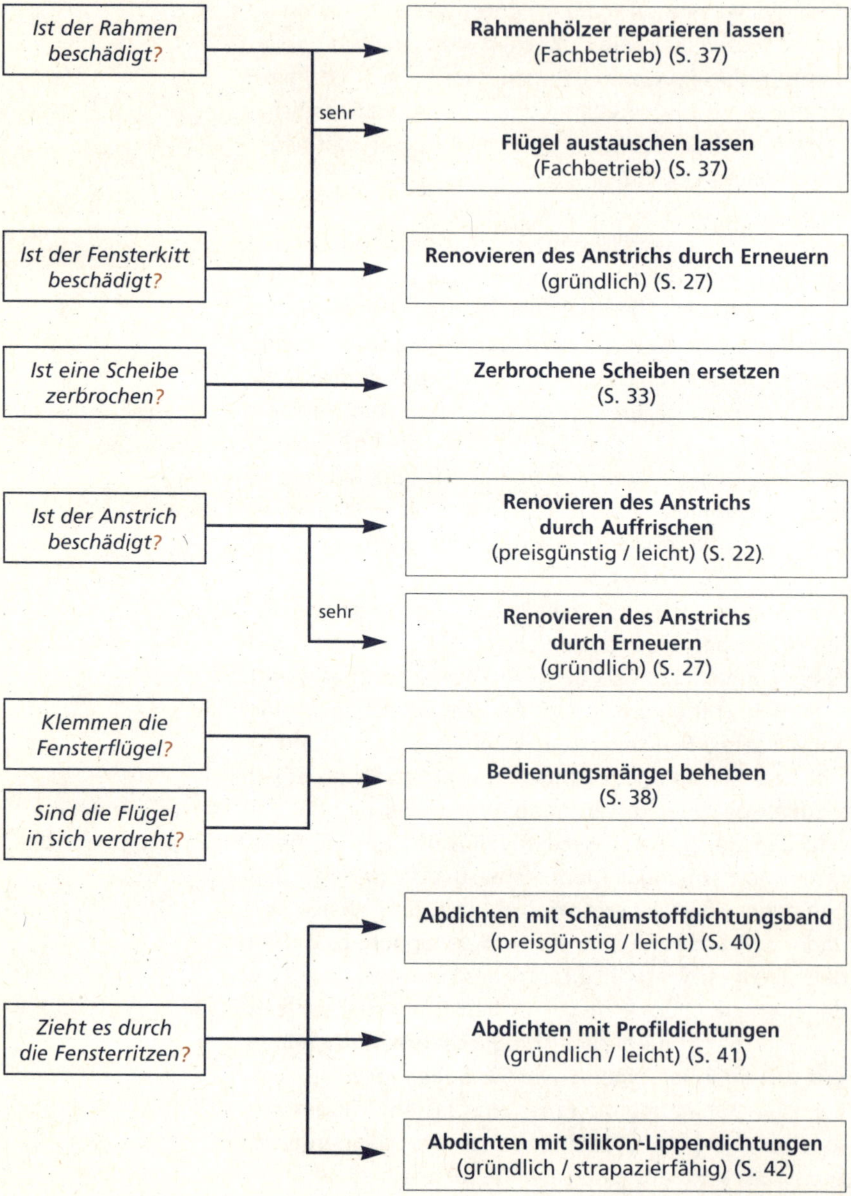

Gibt es Undichtigkeiten zwischen Rahmen und Wand? → **Anschluß Rahmen – Wand abdichten** (S. 43)

Soll gegen Wärmeverluste isoliert werden?
- → **Gegen Wärmeverluste isolieren mit Isolierfolie** (preisgünstig / leicht) (S. 46)
- → **Isolieren mit einer Vorsatzscheibe** (strapazierfähig / leicht) (S. 47)
- → **Isolieren durch Umbau zum Verbundfenster** (gründlich) (S. 48)
- → **Isolieren durch Einbau einer Isolierverglasung** (gründlich / ästhetisch) (S. 49)

Soll gegen Schall isoliert werden? → **Gegen Schall isolieren** (S. 50)

Nützen alle vorgeschlagenen Maßnahmen nichts? → **Neue Fenster kaufen** (S. 52)

Weitere Aspekte:
- Wärmeschutzverordnung (S. 49)
- Richtig lüften (S. 42)
- Schalldämmung (S. 51)
- Luftbelastung durch Lösemittel (S. 32)

Allerdings wird es nicht immer möglich sein, das alte Fenster zu retten. Wenn sich keine befriedigenden Dämmeigenschaften herstellen lassen oder Schäden nicht bzw. nur mit erheblichen Mehrkosten zu reparieren sind, ist eine Neuanschaffung fällig. Wenn Sie Ihre Auswahl auch unter ökologischen Gesichtspunkten treffen wollen, können wir Ihnen eine erste Hilfestellung anbieten (☞ Neue Fenster kaufen, S. 52).

I. Renovieren

Renovieren des Anstrichs

Der Anstrich eines Fensters ist weit mehr als nur Dekoration. Er soll vor den verschiedenartigen Belastungen schützen, denen es ausgesetzt ist. Dazu gehören Schlagregen und Sonneneinstrahlung von außen, aber auch Feuchtigkeit durch Wasserdampf von innen. Unter allen diesen Bedingungen muß es maßhaltig bleiben, es darf sich also nicht ausdehnen, schrumpfen oder verziehen. Die Folge wären Spalten, durch die Zugluft oder sogar Wasser eindringen können. Selbstverständlich soll das Fenster auch nicht faulen.

Um ein Fenster entsprechend zu schützen, muß der Anstrich wasserdicht sein. Das ist er nur, wenn er keinerlei Beschädigungen aufweist. Das gilt übrigens nicht nur für die Außenseite. Auch von innen kann Luftfeuchtigkeit in den Rahmen eindringen und durch das Holz bis nach außen gelangen. Dort wird sie durch den Anstrich am Entweichen gehindert und kann Blasen oder das Abplatzen der Farbe verursachen. Aus dem gleichen Grund sollte der Anstrich auf der Innenseite mindestens genauso dampfdicht sein wie auf der Außenseite. Wenn Sie also das Fenster außen mit einem Lack gestrichen haben, dürfen Sie es innen nicht mit einer diffusionsoffenen Lasur behandeln und wenn Sie den Anstrich außen auffrischen, sollten Sie dies auch innen tun, um die Farbschichtstärke anzugleichen. Überhaupt sollte der Anstrich auf der gesamten Oberfläche möglichst gleichmäßig dick sein.

Natürlich darf sich der Farbton außen und innen unterscheiden. Um das Vergrauen des Holzes und seine langfristige Zerstörung durch die UV-Strahlung des Sonnenlichts zu verhindern, wählen Sie jedoch für die Außenseite auf jeden Fall einen pigmentierten Anstrich, also weder Klarlack noch eine farblose Lasur. Damit das Holz sich nicht zu stark aufheizt, sollte der Anstrich außerdem einen möglichst hellen Ton haben. Sonst kann die Oberflächentemperatur bei direkter Sonneneinstrahlung bis zu 80° C erreichen. Darunter leidet auf Dauer nicht nur die Beschichtung. Viel schlimmer wird es, wenn sich der Rahmen verzieht.

Auf jeden Fall ist es wichtig, daß Sie die Fenster jedes Jahr kontrollieren und den Anstrich rechtzeitig auffrischen oder erneuern. Dies wird spätestens dann fällig, wenn das Holz auch nur an der einen oder anderen Stelle hervortritt.

Diese Arbeit sollten Sie bei einer Außentemperatur vornehmen, die nicht unter 5° C liegt, damit der Anstrich noch gut trocknen kann. Wir empfehlen, die Rahmen zwischen Mai und September zu streichen – schließlich müssen die Fenster während der Arbeit und zum Trocknen längere Zeit offenstehen!

(Alles, was in den folgenden Unterkapiteln über die Behandlung von Rahmen bzw. Flügeln gesagt wird, gilt gleichermaßen für eventuell vorhandene Schlagläden.)

... durch Auffrischen

(preisgünstig / leicht zu verwirklichen)

Sofern das Rahmenholz noch keinerlei Beschädigungen wie Risse oder Fäulnis aufweist, genügt ein Auffrischen des Anstrichs. Ein leichter Befall durch den Bläuepilz kann aber toleriert werden, denn er beeinträchtigt nicht die Funktion. Sie erkennen ihn an einer dunklen Verfärbung des Holzes bei intakter Holzstruktur. Bei starken oder sogar sehr starken Schäden sollten Sie den Rahmen reparieren oder – falls notwendig – Flügelteile oder ganze Flügel austauschen lassen (☞ Rahmenhölzer reparieren S. 37, ☞ Flügel austauschen, S. 37).

Bei lasierten Fensterrahmen können Sie übrigens leicht prüfen, ob ein Überholungsanstrich nötig ist: Legen Sie für eine bis zwei Minuten ein feuchtes Tuch auf das Holz. Bleibt danach ein deutlicher Fleck zurück, so reicht der vorhandene Anstrich nicht mehr aus.

Überprüfen Sie, ob sich der alte Anstrich mit dem neuen verträgt. Ein Acryllack läßt sich nicht mit einem Alkydharzlack überstreichen, umgekehrt ist das allerdings möglich. Da wir Ihnen unter Umweltgesichtspunkten die Verwendung eines Acryllacks oder einer entsprechenden Dickschichtlasur empfehlen, erübrigt sich ein Ausprobieren der Verträglichkeit. Bedenken Sie bitte, daß die Außentemperatur nicht unter 5° C liegen darf, damit die Farbe gut trocknen kann.

Die preisgünstigste Methode für das Auffrischen kommt mit der Kraft menschlicher Muskeln aus. Sollten Sie allerdings über einen Exzenter- oder Schwingschleifer oder sogar einen Deltaschleifer verfügen, können Sie sich die Arbeit erleichtern. Möglicherweise können Sie diese Geräte bei Nachbarn oder Bekannten, einer Maschinenvermietung oder einem Baumarkt in Ihrer Nähe ausleihen. Die Anschaffung der Geräte lohnt sich finanziell meist nicht, da sie in den meisten Fällen nur gelegentlich gebraucht werden. Unter Umweltaspekten hieße das die Verschwendung von Rohstoffen und Energie für ihre Produktion.

Werkzeuge: ← **Sie brauchen**

- Schleifklotz (ca. DM 1,- bis DM 6,50)
- Schleifschwamm (ca. DM 4,50)
- Pinsel (flach mit Kunststoffborsten) oder
- Lackierrolle (ca. DM 5,- pro Satz bzw. 6,- pro Garnitur)
- ggf. Schwing-, Delta- oder Exzenterschleifer (vorhanden / ausleihen; ca. DM 12,- bis 20,- pro Tag)
- ggf. Staubsauger (vorhanden)

Verbrauchsmaterialien:

- Schleifpapier (P 180 bis P 220) bzw. entsprechende Schleifblätter oder -scheiben (ca. DM 4,50 bis 6,- für 3 Stück)
- Staubmaske für Feinstaub (ca. DM 6,50)
- Klebeband aus Krepp (in Pinselbreite) (je nach Breite ca. DM 4,- bis 9,- für 50 m)
- Acryllack oder Dickschichtlasur mit dem „Blauen Engel" (ca. DM 17,- bis 19,50 pro 0,75 l)
- Zeitungspapier (vorhanden)
- Spülmittel (vorhanden)

Bei den im folgenden beschriebenen Tätigkeiten können die Flügel im Rahmen bleiben.

• Altanstrich von Hand anschleifen ← **So geht's**

Das Schleifen sorgt hier lediglich dafür, daß die neue Farbe auf der alten hält. Bevor Sie damit beginnen, sollten Sie den Fensterrahmen gründlich mit warmem Wasser und Spülmittel reinigen, da vorhandener Schmutz sonst in den Lack eingearbeitet wird. Schleifen Sie dann die Oberfläche mit einem feinkörnigen Schleifpapier (Körnung: P 180 bis P 220) an. Es wird meist in Form von Bögen der Größe 23 cm x 28 cm angeboten.

Um kleinere Stücke zu erhalten, reißen Sie es über eine scharfe Kante oder entlang eines flach aufgelegten Sägeblatts. Die Stücke werden dann straff und faltenfrei um einen Schleifklotz gespannt. Das Schleifen selbst erfolgt mit gleichbleibendem Druck in langen Zügen über die Flächen. Um Kanten und Profile zu schleifen, verwenden Sie am besten einen Schleifschwamm, der sich den Formen anpaßt. Während der Arbeit sollten das Papier bzw. der Schwamm immer wieder leicht angefeuchtet werden. *Da alte Anstriche häufig giftige Schwermetalle (Blei, Kobalt) enthalten, sollten Sie bei Schleifarbeiten unbedingt eine Staubmaske tragen und Kinder fernhalten.* Bevor Sie mit dem Streichen beginnen, wischen Sie die Schleifstaubreste mit einem feuchten (nicht nassen) Tuch ab.

- Mit der Maschine anschleifen

Für des Anschleifen ebener Flächen eignen sich Schwingschleifer besonders gut. Einige Geräte lassen sich auch zu Ecken- oder Zungenschleifern umrüsten, so daß Sie sich bei Ecken und Kanten die andernfalls notwendige Handarbeit eventuell sogar sparen können. Exzenterschleifer müssen wegen des möglichen größeren Materialabtrags vorsichtiger gehandhabt werden. Sie sind jedoch insgesamt vielseitiger zu verwenden. Bei modernen Schleifgeräten ist eine integrierte Staubabsaugung üblich. Verzichten Sie dennoch nicht auf das Tragen einer Staubmaske. Einen sehr effektiven Staubschutz können Sie erreichen, wenn Sie einen Staubsauger an den Schleifer anschließen.

Wie beim Schleifen von Hand sollten Sie auch hier, bevor Sie beginnen, den Fensterrahmen gründlich mit warmem Wasser und Spülmittel reinigen. Vorhandener Schmutz würde sonst in den Lack eingearbeitet.

Um zu vermeiden, daß die Oberfläche zu stark geschliffen wird oder sogar sichtbare Schleifspuren entstehen, benutzen Sie nur sehr feine Schleifblätter bzw. -scheiben von der Körnung P 180 bis P 220. Achten Sie auf möglichst gleichmäßigen Schliff.

Stellen, die Sie mit dem Schleifgerät nicht erreichen, müssen Sie mit einem Schleifschwamm von Hand anschleifen. Für diese Arbeit gelten die unter ☞ Altanstrich von Hand anschleifen (S. 23) gegebenen Hinweise.

• Neuanstrich aufbringen

Achten Sie darauf, daß Sie für Arbeiten mit wasserverdünnbaren Lacken nur Pinsel mit rostfreier Zwinge und Kunststoffborsten benutzen. Die Farbteilchen der Dispersionsfarben setzen sich nämlich unter die Schuppen von Naturborsten und lassen sich auch durch Auswaschen nicht mehr entfernen. Deshalb eignen sich Pinsel mit Naturborsten ausschließlich für lösemittelhaltige Lacke. Im Handel sind die Pinsel entsprechend gekennzeichnet. Wenn Sie auch später noch wissen wollen, wofür der Pinsel taugt, kennzeichnen Sie ihn, z. B. mit farbigem Klebeband. Eine gute Alternative, mit der sehr glatte Oberflächen gelingen, ist die Lackrolle. Hier gibt es spezielle Formen für Fensterrahmen, die mit einem Seitenblech als Schutz gegen Übermalen ausgerüstet sind.

Zunächst kleben Sie mit dem Kreppband diejenigen Bereiche des Fensters ab, die nicht gestrichen werden, wie Beschläge und Griffe. Den Rand der Scheiben sollten Sie ebenfalls bündig mit dem Rahmen abkleben. Wenn Sie darauf verzichten, die Scheiben insgesamt mit Zeitungspapier abzukleben, sollten Sie einen feuchten Lappen bereitlegen, mit dem Sie Spritzer oder Ausrutscher vor dem Trocknen entfernen können. Wenn doch einmal etwas auf die Scheiben geht und eintrocknet – nehmen Sie zum Entfernen auf keinen Fall Metallgegenstände! Sie verkratzen das Glas. Übrigens brauchen Sie das Zeitungspapier noch nicht einmal mit

Klebeband zu befestigen. Mit Wasser angefeuchtet, haftet es von alleine. Wenn die Scheibe mit Glaserkitt befestigt wurde, so sollten Sie diesen bis auf das Glas mitstreichen. Damit ist gewährleistet, daß keine Feuchtigkeit eindringen kann. Auf Silikon hält die Farbe dagegen nicht. Achten Sie auch darauf, daß die Ausfräsung an der Tropfkante des Wasserschenkels auf der Innenseite des Fensterflügels, die sogenannte Hohlkehle, nicht mit Farbe zugeschmiert wird. Kondenswasser kann sich sonst nicht dort sammeln und abtropfen, sondern an andere Stellen des Fensters gelangen und dort zu Durchfeuchtungen führen.

Die Fenster dürfen nicht geschlossen werden, bevor die Farbe mindestens griffest ist – sonst würden die Flügel verkleben. Acryllack und Dickschichtlasuren sind nach etwa zwei bis drei Stunden griffest und trocknen über Nacht durch.

Tip

Bei Arbeitsunterbrechungen waschen Sie Pinsel oder Lackrolle nicht aus, sondern tränken Sie sie gut mit Farbe, um sie in einer Plastiktüte oder mit Frischhaltefolie luftdicht einzupacken.

• Reinigung / Entsorgung

Den Schleifstaub und andere Lackreste sollten Sie wegen der möglicherweise enthaltenen Schwermetallverbindungen bei den Sammelstellen für Sondermüll abgeben. Streichen Sie Pinsel oder Lackrollen gut aus und reinigen Sie sie gründlich mit Wasser. Wenn Sie dies gleich im Anschluß an Ihre Arbeit tun, brauchen Sie dafür keinen Pinselreiniger. Farbreste bewahren Sie am besten in den gut verschlossenen Originaldosen kindersicher auf, falls irgendwann einmal eine Ausbesserung nötig sein sollte. Um den Inhalt unter Luftabschluß zu halten, werden die gut verschlossenen Dosen auf den

Kopf gestellt. Für die Entsorgung können Sie die hier empfohlenen Farben mit dem „Blauen Engel" einfach eintrocknen lassen und zum normalen Hausmüll geben. Mit stark lösemittelhaltigen Produkten oder Lösemitteln sollten Sie das allerdings nicht tun. Sie gehören im Originalgefäß zum Problemmüll. (☞ Luftbelastung durch Lösemittel, S. 32).

... durch Erneuern
(gründlich)

Wenn der Anstrich stärkere Beschädigungen aufweist, ist es mit einem Auffrischen nicht getan. Bei Löchern, Rissen oder wenn das Holz bereits an mehreren und größeren Stellen zu sehen ist, wird ein kompletter Neuanstrich fällig. Ist das Holz bereits stark in Mitleidenschaft gezogen, müssen eventuell Teile repariert oder ersetzt werden (☞ Rahmenhölzer reparieren lassen, S. 37, ☞ Flügel austauschen lassen, S. 37). Bei Einfachverglasungen sollten Sie überlegen, ob Sie die Scheibe nicht gleich gegen eine wärmedämmende Doppelverglasung austauschen lassen.

Werkzeuge: ◄—— **Sie brauchen**

- Böcke oder Werkbank
  (ab ca. DM 10,- pro Stück / ausleihen)
- Abziehklinge (je nach Breite DM 12,50 bis 26,-)
- Schleifklotz (DM 1,- bis 6,50)
- ggf. Schwing- oder Exzenterschleifer
  (vorhanden / ausleihen, ca. DM 12,- bis 20,- pro Tag)
- Staubsauger (vorhanden)
- Cuttermesser (ca. DM 3,-)
- Stechbeitel (ca. DM 5,- bis 7,50 pro Satz von 4 Stück)
- Pinsel (ca. DM 3,- bis 5,- pro Satz)
- ggf. Lackierrolle (ca. DM 6,- pro Garnitur)
- Kartuschendrücker (ca. DM 3,- bis 20,-)

Verbrauchsmaterialien:
- Schleifpapier (P 80 bis P 120 und P 180 bis P 220) (ca. DM 3,- für 12 Blätter)
- Schleifschwamm (ca. DM 1,50 bis 4,50)
- Staubmaske für Feinstaub (ca. DM 6,50)
- ggf. Schleifblätter oder Schleifscheiben (P 80 bis P 120 und P 180 bis P 220, ca. DM 16,- für 25 Stück bis DM 25,- für 10 Stück)
- lösemittelfreier Holzspachtel (ca. DM 6,50 für 150 g)
- Klebeband aus Kreppapier (in Pinselbreite) (ca. DM 4,- bis 9,- für 50 m)
- Acryllack oder Dickschichtlasur mit dem „Blauen Engel" (ca. DM 16,95 bis 19,- für 0,75 l)
- Silikondichtmasse (ca. DM 4,- bis 17,25 für 300 ml) oder Ölkitt (Glaserkitt) (ca. DM 2,- für 500 g)
- Zeitungspapier (vorhanden)

So geht's ➤

• Altanstrich entfernen

Um den Altanstrich besser entfernen zu können, empfiehlt es sich, die Fensterflügel aus dem Rahmen herauszunehmen und für die Dauer der Arbeiten auf Böcken oder einer Werkbank zu lagern.

Auf ebenen Flächen ist die Arbeit mit einer Abziehklinge nicht nur die umwelt- und gesundheitsverträglichste, sondern auch die preiswerteste Methode, um den alten Anstrich zu entfernen. Das Werkzeug wird mit etwas Kraft so auf das Holz aufgesetzt, daß die Lackschicht durchstoßen wird. Dann wird die Klinge mit gerade so viel Druck in Faserrichtung über das Holz gezogen, daß der Lack möglichst als ganze Schicht abgehoben wird. Bereits nach kurzer Zeit bekommt man Übung darin. Dennoch ist die Methode sehr kraftaufwendig. Mit Hilfe eines Schwing- oder Exzenterschleifers können Sie sich die Arbeit erleichtern. Hinweise dazu finden Sie unter ☞ Renovieren des Anstrichs durch Auffrischen (S. 22). Stellen, die Sie nicht mit der Abziehklinge bzw. der Schleifmaschine erreichen können, müssen von

Hand mit dem groben Schleifpapier oder einem Schleifschwamm abgeschliffen werden. *Denken Sie daran, daß Sie bei Arbeiten, bei denen Schleifstäube aus alten Anstrichen freigesetzt werden, wegen des möglichen Schwermetallgehalts eine Staubmaske tragen und Kinder fernhalten.* Ein weiterer Grund für diese Vorsichtsmaßnahme: Holzstäube sind krebserzeugend, bzw. sie stehen unter Krebsverdacht! Am besten saugen Sie den entstehenden Staub direkt am Gerät mit einem Staubsauger ab.

Wenn Sie die alte Lackschicht entfernt haben, ist vor dem Neuanstrich mindestens noch ein Schliff erforderlich: Am besten wässern Sie das Holz gründlich, lassen es trocknen und schleifen die nun aufgerichteten Holzfasern nochmals mit feinem Schleifpapier ab. Alternativ dazu können Sie auch mit Acryllack, den Sie mit Wasser verdünnt haben, oder mit Lasur einen Vorstrich aufbringen und nach dem Trocknen glattschleifen. Wie Sie bei einem Feinschliff am besten vorgehen, haben Sie in den Erläuterungen zum Thema Auffrischen erfahren (☞ Renovieren des Anstrichs durch Auffrischen, S. 22).

Auf keinen Fall sollten vor dem Anstreichen noch scharfe Kanten vorhanden sein. Der Anstrich wird sonst nicht durchgehend. Mit Schleifklotz und -papier können sie leicht abgerundet werden. Der Radius der Abrundung sollte dabei mindestens zwei Millimeter betragen.

- Kitt / Dichtungen entfernen

Mit einem Kartonmesser trennen Sie den alten Fensterkitt oder die alten Silikondichtungen vom Holz ab und ziehen sie dann heraus. Vorsicht – verkratzen Sie dabei nicht die Fensterscheibe! Achten Sie auch darauf, daß Sie die Glasstifte dabei nicht entfernen – sie halten die Scheibe fest.

• Risse und Löcher verschließen

Entfernen Sie lose Holzteilchen und angefaulte Stellen vollständig mit einem Stechbeitel und verschließen Sie die Löcher und Risse mit lösemittelfreier Spachtelmasse. Sorgfältiges Arbeiten verhindert, daß später Feuchtigkeit in das Holz eindringt. Nach dem Trocknen des Kitts werden die Stellen ebenso glatt geschliffen wie das umgebende Holz.

Tip

Holzspachtel können Sie selbst herstellen: Mischen Sie feines Sägemehl mit der gleichen Menge Schlämmkreide und verkneten Sie das Ganze mit Leinölfirnis. (Schlämmkreide und Leinölfirnis erhalten Sie im Fachhandel oder im ökologischen Baumarkt. Das Sägemehl müssen Sie selbst beisteuern.)

• Neuanstrich aufbringen

Bevor Sie mit dem Streichen beginnen, entfernen Sie den Schleifstaub möglichst vollständig mit einem angefeuchteten Lappen. Danach kleben Sie die Scheiben ab, wie unter ☞ Renovieren des Anstrichs durch Auffrischen (S. 22) beschrieben. In diesem Fall sollten Sie das Klebeband in die Fuge zwischen Scheibe und Rahmen schieben. Da Fenster bereits vor dem ersten Einbau mit einer holzschützenden Grundierung versehen worden sind, brauchen Sie diese bei der Renovierung nicht zu wiederholen. Eine besonders dichte und glatte Oberfläche erreichen Sie, wenn Sie einen ersten Anstrich trocknen lassen, mit sehr feinem Schleifpapier zwischenschleifen und danach den endgültigen Anstrich aufbringen. Mit dem Pinsel streichen Sie stets in Richtung der Holzmaserung. So erhalten Sie eine gleichmäßige Oberfläche. Achten Sie darauf, daß auch die Kanten gleichmäßig gestrichen sind, um ein Eindringen von Wasser in das Holz auch an diesen Stellen wirksam zu vermeiden.

• Dichtungen erneuern

Zunächst lösen Sie die Klebebänder, die während des Streichens zum Schutz der Scheiben gedient haben, aus den Fugen und setzen sie etwas nach innen. Dadurch verhindern Sie, daß Sie später mit dem Band auch die Dichtmasse abziehen.

Obwohl der traditionelle Ölkitt das umweltverträglichste Dichtmaterial darstellt, ist er heute aus der Mode gekommen. Nicht von ungefähr, denn das darin enthaltene Leinöl greift die Kunststoffversiegelungen der Thermoscheiben an. Außer bei einfach verglasten Fenstern, die aber grundsätzlich wegen ihrer mangelnden Wärmedämmung problematisch sind, oder Kastenfenstern mit Einfachverglasung kann deshalb kein Ölkitt verwendet werden.

So wird's gemacht: Formen Sie mit den Händen aus dem Kitt eine Wurst von etwa einem Zentimeter Durchmesser, die Sie anschließend in die Falzecke drücken. Schrägen Sie den Kitt mit einem schmalen angefeuchteten Spachtel oder Kittmesser im Winkel von 45° ab. Lassen Sie ihn dann mehrere Tage antrocknen, bevor Sie ihn mit Farbe überstreichen. Streichen Sie dabei einen feinen Streifen auf der Scheibe mit. So können Sie sicher sein, daß der Kitt vor Feuchtigkeit geschützt ist. Bei Silikondichtmassen gibt es solche Probleme nicht. Sie werden in verschiedenen Farben oder auch transparent angeboten und mit Hilfe eines Kartuschendrückers in die Fugen zwischen Glas und Rahmen eingespritzt. Mit einem in Seifenlösung angefeuchteten Finger können Sie anschließend die Dichtmasse glätten.

• Reinigung / Entsorgung

Für die Reinigung der Arbeitsmaterialien und die Entsorgung gilt das unter ☞ Renovieren des Anstrichs durch Auffrischen (S. 22) Gesagte.

Luftbelastung durch Lösemittel

Lösemittel in der Raumluft beeinträchtigen Gesundheit und Wohlbefinden erheblich. Sie werden bei der Verarbeitung einer großen Zahl von Heimwerkerprodukten frei. Als wesentliche Bestandteile sind sie in – lösemittelhaltigen – Lacken und Lasuren sowie vielen Klebstoffen enthalten. Auch die Naturfarbenprodukte bilden hier keine Ausnahme. Sie enthalten häufig allergieerzeugende Terpene oder Zitrusschalenöle. Abhängig von der Konzentration, reichen die Symptome einer Lösemittelbelastung von der geruchlichen Belästigung über Kopfschmerzen, Müdigkeit, Unwohlsein, Konzentrationsschwäche, Haut- und Schleimhautreizungen bis zu Sehstörungen und Schwindel. Auch ist es in extremen Fällen zu Vergiftungen, manchmal sogar mit Todesfolge gekommen (z. B. beim Entfernen von Lack mit methylenchloridhaltigem Abbeizer).

Eine unmittelbare Gefahr durch Lösemittel besteht in erster Linie für den Anwender, also den Heimwerker. Seine Nase befindet sich notwendigerweise direkt am Ort des Geschehens. Abhängig vom verarbeiteten Produkt, dem Untergrund, der Temperatur und der Lüftung, können die schädlichen Dünste jedoch durchaus noch einige Tage nach der Renovierung ausgasen. Wenn man die Möglichkeit hat, sollte man nach einer Renovierung daher etwas Zeit verstreichen lassen, bevor man die Räume wieder bewohnt. Das gilt insbesondere für Schlaf- und Kinderzimmer. Kinder sind wegen ihres geringen Körpergewichts und der höheren Atemfrequenz nämlich besonders gefährdet. Schon aus diesem Grund sollten sie bei Arbeiten mit lösemittelhaltigen Materialien nicht im Raum sein.

Nicht nur wegen ihrer gesundheitsgefährdenden Eigenschaften ist es besser, lösemittelhaltige Produkte zu meiden. In der Atmosphäre bilden sie sogenannte Photooxidantien, die pflanzenschädigend wirken und deshalb ein Faktor für das Waldsterben sind. Damit gehören sie auch zu den Produkten, die maßgeblich für die Bildung von Sommersmog verantwortlich gemacht werden können.

Wir empfehlen Ihnen daher, lösemittelhaltige Produkte so weit wie möglich zu vermeiden. Wenn Sie jedoch im einen oder anderen Fall nicht auf sie verzichten können, sollten Sie die an den entsprechenden Stellen gegebenen Ratschläge zum Umgang und zur Entsorgung besonders aufmerksam lesen. Das gleiche gilt für die Sicherheits- und andere Hinweise auf den Gebinden oder Packungsbeilagen der Produkte.

Zerbrochene Scheiben ersetzen

Wenn auch selten, so kommt es doch hin und wieder einmal vor, daß eine Fensterscheibe zu Bruch geht. Handelt es sich dabei um eine Mehrfachverglasung, so bleibt Ihnen wahrscheinlich nichts anderes übrig, als den Glaser zu bestellen. Achten Sie in diesem Fall auf eine optimal angepaßte Scheibe (☞ Vergleich von Fensterscheiben, S. 36). Auch wenn es eine einfache Scheibe war, lohnt es sich, den Glaser zu befragen, ob der Rahmen eine moderne Wärmeschutzverglasung aufnehmen kann (☞ Gegen Wärmeverluste isolieren durch den Einbau einer Isolierverglasung, S. 49). Selbst wenn das nicht der Fall sein sollte, bietet sich vielleicht die Gelegenheit, das gesamte Fenster oder wenigstens die Flügel austauschen zu lassen. Beim Kauf neuer Fenster sollten Sie gezielt nach solchen mit dem „Blauen Umweltengel" auf den Scheiben suchen. Sie besitzen besonders gute Wärmedämmwerte (☞ Neue Fenster kaufen, S. 52).

Gute Gründe, alles beim alten zu lassen und die zerbrochene Scheibe lediglich durch eine neue gleicher Art zu ersetzen, liegen vor, wenn es sich etwa um ein Kastenfenster handelt oder wenn auf beiden Seiten des Fensters keine großen Temperaturdifferenzen zu erwarten sind. Für solche Fälle wollen wir Ihnen zeigen, wie Sie selbst den Schaden beheben können.

Sie brauchen ►

Werkzeug:
- Böcke oder Werkbank (ca. DM 10,- pro Stück / ausleihen)
- Schmaler Spachtel (ca. DM 3,- für 3 Stück) oder Kittmesser (ca. DM 3,40 bis 6,10)
- ggf. Glasschneider (ca. DM 5,-)
- Hammer (vorhanden)
- Zange (vorhanden)
- Cuttermesser (ca. DM 3,-)
- Feste Arbeitshandschuhe (ab DM 1,- bis 18,- pro Paar)
- ggf. Schleifklotz (ca. DM 1,- bis 6,50)

Verbrauchsmaterialien:
- Glasscheibe (ggf. passend zugeschnitten)
- Glaserkitt (Leinölkitt) (ca. DM 2,- für 500 g)
- Glasstifte (abbrechbar)
- ggf. Schleifpapier (ca. DM 3,- für 12 Blätter)
- ggf. Petroleum oder Terpentinersatz (ca. DM 4,90 für 1l)
- ggf. Acryllack oder Dickschichtlasur mit dem „Blauen Engel" (ca. DM 17,- bis 19,- für 0,75 l)

So geht's ►

Hängen Sie das Fenster aus und legen Sie es auf Böcke oder eine Werkbank. Entfernen Sie alle Glasreste *(Handschuhe nicht vergessen!)* mit dem Hammer, eventuell vorhandene Stahlstifte mit der Zange und den Fensterkitt mit einem Messer. Reinigen Sie dann den

Glasfalz des Fensters. Wenn irgendwo das Holz durchkommt, sollten Sie den Falz anschleifen und mit etwas Acryllack in der Rahmenfarbe nachstreichen. Die Ersatzscheibe werden Sie sich normalerweise vom Glaser zuschneiden lassen. Sollten Sie selbst noch eine Scheibe haben, können Sie sie mit einem Glasschneider selbst zuschneiden. Die Größe wird dafür mit einem Filzstift angezeichnet und mit einem Glasschneider, der zuvor in Petroleum getaucht wurde, entlang eines Lineals angeritzt. Die Scheibe wird sofort nach dem Schnitt über eine gerade Kante gelegt und mit einem Ruck nach unten gebrochen.

Beschichten Sie den trockenen (!) Glasfalz durchgehend mit Kitt. Er läßt sich leicht mit einem schmalen angefeuchteten Spachtel oder Kittmesser glätten. Legen Sie die Scheibe in das Kittbett und drücken Sie sie gut an. Der Kitt muß rundherum gut abschließen. Ist das nicht der Fall, so müssen Sie die Scheibe noch einmal herausnehmen und an den betreffenden Stellen weiteren Kitt auftragen. Die Glasstifte werden nacheinander abgeknickt, in Abständen von ca. zehn Zentimetern dicht am Glas in das Rahmenholz eingeschlagen und dann durch Hin- und Herbiegen abgebrochen. Danach füllen Sie den Falz mit dem gut durchgekneteten Kitt aus, schrägen ihn im Winkel von 45° ab und glätten ihn mit dem angefeuchteten Spachtel. Lassen Sie den Kitt nun mehrere Tage antrocknen. Dann können Sie ihn mit Acryllack in der Rahmenfarbe überstreichen. Der Anstrich soll dabei bis auf das Glas reichen, damit die Fuge gänzlich abgedichtet ist. Um die Scheibe vor Farbe zu schützen, kleben Sie sie am besten mit Kreppband so ab, daß nur ein sehr feiner Rand des Glases von dem Lack bedeckt wird.

VERGLEICH VON FENSTERSCHEIBEN					
	Material	Wärmeschutz	Schallschutz	Preis für eine Scheibe (96 x 108 cm)	Anmerkungen
Einfachfenster	2-Scheiben-Isolierglas	gering (i. a. nicht gemäß WSchV)*	gering	ca. DM 100,-	
	2-Scheiben-Wärmeschutzglas	mittel (teilweise nicht gemäß WSchV)*	gering	ab ca. DM 110,-	besonders gutes Preis-Leistungs-Verhältnis (wenn gemäß WSchV)*
	3-Scheiben-Wärmeschutzglas	hoch	gering	bis ca. DM 200,-	
	2-Scheiben-Schallschutzglas (einfach)	gering (i. a. nicht gemäß WSchV)*	mittel	ab ca. DM 130,-	
	2-Scheiben-Schallschutzglas mit Gießharzverbindung	gering (i. a. nicht gemäß WSchV)*	hoch	bis ca. DM 670,-	
	2-Scheiben-Schall- und Wärmeschutzglas	hoch	mittel	ab ca. DM 210,- bis ca. DM 900,-	empfehlenswert bei gewünschtem Schallschutz
Verbundfenster	mit Wärmeschutzglas	hoch	hoch		empfehlenswert
Kastenfenster	mit Einfach- und 2-Scheibenverglasung	hoch	hoch		empfehlenswert

* WSchV = Wärmeschutzverordnung

Rahmenhölzer reparieren lassen

(Fachbetrieb)

Bei beschädigten Rahmen ist es nicht immer sinnvoll, das Fenster auszutauschen. Auswitterungen, die wenige Millimeter tief in das Holz hineingehen, kann ein Schreiner abarbeiten und mit neuem Holz verstärken.

Selbst tiefer gehende Schäden durch Fäulnis können oft beseitigt werden, sofern das Fenster nicht großflächig davon betroffen ist. Ein Schreiner kann Stücke aus dem Rahmen entfernen und neue ansetzen. Bevor Sie ein Fenster austauschen, sollten Sie im Zweifelsfall einen Fachbetrieb zu Rate ziehen und sich gegebenenfalls einen Kostenvoranschlag über eine mögliche Reparatur machen lassen. Dabei sollten Sie auch berücksichtigen, daß nicht nur die unmittelbar entstehenden Kosten eine Rolle spielen, sondern auch die Frage, ob die bestehende Konstruktion aus bestimmten Gründen erhalten bleiben sollte (z. B. Kastenfenster, Baustil).

Nach der Reparatur müssen Sie selbstverständlich den Anstrich erneuern. Wie Sie dabei vorgehen können, erfahren Sie unter ☞ Renovieren des Anstrichs durch Erneuern (S. 27).

Flügel austauschen lassen

(Fachbetrieb)

Ist ein Fensterflügel so stark geschädigt, daß sich eine Reparatur nicht mehr lohnt, so muß er ausgetauscht werden. Der Rahmen bleibt dabei unverändert. Der Austausch ist nicht einfach zu bewerkstelligen und sollte einem Fachbetrieb überlassen bleiben. Ist auch der in der Wand verankerte Rahmen stark geschädigt, so bleibt Ihnen nur der Austausch des kompletten Fensters (☞ Neukauf von Fenstern, S. 52).

Bedienungsmängel beheben

Wenn die Fensterflügel sich nicht leicht öffnen oder schließen lassen, kann das seine Ursache in zu vielen bzw. dicken Farbschichten haben. In diesem Fall sollten Sie den alten Anstrich vollständig entfernen und das Fenster neu streichen. Wie man das macht, können Sie unter ☞ Renovieren des Anstrichs durch Erneuern (S. 27) nachlesen.

Möglicherweise sind auch defekte Beschläge der Grund dafür, daß ein Fenster klemmt. Manchmal genügt es, die Beschläge mit einem Schraubendreher wieder festzuziehen oder neu zu justieren. Besonders moderne Fensterbeschläge bieten so viele Justagemöglichkeiten, daß wir sie hier nicht auflisten können. In den Bedienungsanleitungen für Ihre Fenster sollte alles genau beschrieben sein. Sind diese nicht mehr vorhanden, so fragen Sie einen Fachbetrieb. Mit etwas handwerklichem Geschick können Sie auch etwas herumprobieren. Passen Sie nur auf, daß Sie nicht ungewollt das Fenster abschrauben!

Sollte das Justieren nicht zum gewünschten Erfolg führen, so müssen die Beschläge vielleicht repariert oder ausgewechselt werden. Im letzteren Fall sollten Sie darüber nachdenken, abschließbare Griffe als Einbruchschutz anzubringen. Die sind ab 10 Mark erhältlich.

Eine weitere Ursache können in sich verdrehte Fensterflügel sein. In diesem Fall kann ein Schreiner die Flügel auseinandernehmen, die Eckverbindungen abschleifen und neu zusammensetzen. Nur bei vollständig verzogenen Fenstern muß ein Flügelteil oder sogar ein ganzer Flügel ausgetauscht werden.

II. Isolieren

Anschluß Fenster – Rahmen abdichten

Wärmeverluste können bei Fenstern entweder als Strahlung durch die Scheibe (☞ Wärmeschutzverordnung, S. 49) oder durch Austausch mit der kalten Außenluft entstehen (☞ Gegen Wärmeverluste isolieren, S. 45). Im zweiten Fall sind Ritzen und Fugen zwischen Flügeln und Rahmen oder zwischen Rahmen und Wand die Ursachen. Auch ungedämmte Rolladenkästen tragen zu unnötig hohen Wärmeverlusten bei.

Ob bzw. an welchen Stellen Zugluft auftritt, können Sie am besten mit einer brennenden Kerze feststellen. Bevor Sie darangehen, Ihre Fenster abzudichten, sollten Sie zunächst überprüfen, ob die Abschlüsse zwischen Fensterrahmen und Wand dicht sind. Mängel an diesen Stellen können – neben den unmittelbaren Energieverlusten – Durchfeuchtungen der Wand und damit schwerwiegendere, länger anhaltende und teurere Schäden nach sich ziehen und sollten gleich mitbehoben werden (☞ Anschluß Rahmen – Wand abdichten, S. 43).

Beim Abdichten von Spalten im Fenster sollten Sie nicht etwa den Ehrgeiz entwickeln, die Wohnung luftdicht abzuschließen. Insbesondere wenn bei geschlossenen Fenstern mit offener Flamme gekocht oder geheizt wird, kann eine Anreicherung schädlicher Verbrennungsgase und im Extremfall Sauerstoffmangel eintreten. Sprechen Sie vor einer Fensterabdichtung sicherheitshalber mit dem Schornsteinfeger. Unabhängig davon sollte regelmäßig gelüftet werden, um eine ausreichende Frischluftzufuhr sicherzustellen (☞ Richtig lüften, S. 42).

Zu dünnes Dichtmaterial läßt weiterhin Zugluft durch, zu dickes verhindert möglicherweise das Schließen des Fensters. Um bei Dichtungsmaßnahmen das richtige Material auswählen zu können, ermitteln Sie die Breite der Spalte. Quetschen Sie einfach etwas Knetmasse an verschiedenen Stellen zwischen Fensterrahmen und Flügel ein und messen Sie sie dann aus.

Die Dichtungsmaßnahmen sollten möglichst vor Beginn der Heizperiode erfolgen. Die Verarbeitungstemperatur von Klebebändern darf nicht unter 5° C liegen.

Ein angenehmer Nebeneffekt der Abdichtung von Fensterspalten – wenigstens bei größeren Fugen – ist der zugleich verbesserte Schallschutz.

... mit Schaumstoffdichtungsband
(preisgünstig / leicht zu verwirklichen)

Die preisgünstigste Methode zum Abdichten von Fensterspalten ist die Verwendung von Schaumstoffdichtungsband. Es verhindert Zugluft, ohne jedoch den Luftaustausch vollständig zu unterbinden. Die Anbringung stellt keinerlei Ansprüche an handwerkliches Geschick. Allerdings ist diese Lösung nicht sehr dauerhaft, denn das Dichtungsband hält je nach Beanspruchung nur etwa ein bis zwei Jahre und muß danach erneuert werden. Auch ist es nur für kleine und mittlere Spaltenbreiten erhältlich (3 bis 5 mm). Bei größeren Spalten müssen Sie auf andere Lösungen zurückgreifen (☞ Abdichten mit Profildichtungen, S. 41, bzw. ☞ ... mit Silikon-Lippendichtungen, S. 42).

Bei Schaumstoffdichtungsband handelt es sich um ein selbstklebendes Band, dessen Klebeschicht durch eine Schutzfolie abgedeckt ist.

Sie brauchen

Werkzeug:
– Schere (vorhanden)

Verbrauchsmaterialien:
– Dichtungsband
(je nach Ausführung ca. DM 4,- bis 8,50 für 10 m)
– Spiritus (ca. DM 6,50 pro l)

So geht's

Nach einem Neuanstrich sollten Sie sicherstellen, daß die Farbe wirklich gut trocken ist. Am besten warten Sie einige Tage mit dem Anbringen. Ansonsten besteht die Gefahr, daß Sie beim späteren Entfernen des Dichtungsbandes einen Teil der Farbe mit abreißen. Damit es hält, sollte das Dichtungsband nicht auf lose Farbsplitter geklebt werden. Auch müssen die betreffenden Rahmenflächen vorher mit Spiritus von Schmutz und Fett gereinigt werden. Verkleben Sie die Bänder so, daß in den Ecken keine Ritzen bleiben. Wenn Sie diese Hinweise beachten, ist sichergestellt, daß das Band gut haftet.

... mit Profildichtungen
(gründlich / leicht zu verwirklichen)

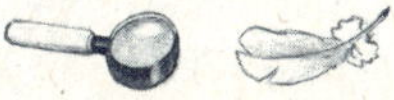

Sie brauchen

Werkzeug:
– Schere (vorhanden)

Verbrauchsmaterialien:
– Profildichtungsband
(je nach Dicke ca. DM 8,- bis 14,- für 6 m)
– Spiritus (ca. DM 6,50 pro l)

So geht's

Das Anbringen von Profildichtungen ist ebenso einfach wie das von Schaumstoffdichtungsbändern und wird genauso gemacht. Sie sind zwar teurer in der Anschaffung, dafür halten sie auch meist ein paar Jahre, und es gibt sie auch für sehr breite Spalten (bis 6 mm). Allerdings unterbinden sie den Luftaustausch fast vollständig.

... mit Silikon-Lippendichtungen

(gründlich / strapazierfähig)

Sie brauchen ► **Werkzeug:**
- Schere (vorhanden)

Verbrauchsmaterialien:
- Silikon-Lippendichtungen (ca. DM 0,70 bis 3,- pro m)
- Spiritus (ca. DM 6,50 für 1l)

So geht's ► Die aufwendigste und teuerste, dafür aber auch dauerhafteste Lösung ist das Anbringen von Silikon-Lippendichtungen. Dazu ist es notwendig, von einem Schreiner eine Nut in den Fensterrahmen einfräsen zu lassen, in die Sie die Dichtung leicht einsetzen können. Alte, spröde gewordene Dichtungen können Sie dann selbst austauschen. Achten Sie beim Einkauf auf die richtige Größe der Dichtung. Bei einem Austausch muß die Nut gründlich gereinigt werden.

Richtig lüften

Damit das Klima in einem Raum als angenehm empfunden und Feuchtigkeitsschäden oder Schimmelbildung vermieden werden, soll die Luftfeuchtigkeit zwischen 40 und 60 % bei 19° C bis 21° C betragen. Zu ihrer Regulierung und um Schad- sowie Geruchsstoffe zu entfernen, soll mehrmals am Tag zwischen 5 und 10 Minuten lang kräftig gelüftet werden (am besten mit Durchzug). Auf keinen Fall sollte während der Heizperiode *dauernd* gelüftet werden, etwa durch ein gekipptes Fenster. Die Wände und Oberflächen des Raums kühlen sich dann ab, und nach dem Schließen der Fenster kann sich dort um so besser Tauwasser bilden. Außerdem wird zusätzlich Heizenergie verbraucht, um diese Flächen wieder auf Raumlufttemperatur zu bringen.

Besonders wichtig ist das regelmäßige Lüften der Räume, die mit offenem Feuer – also Gas-, Öl- oder Kohleöfen – beheizt werden. Diese Heizungen verbrauchen viel Sauerstoff und setzen Wasserdampf frei.

Werden Fenster in Altbauten saniert, hat dies mitunter negative Folgen: Durch das Verschließen von Fugen wird der Luftaustausch mit der Außenluft unterbunden. Außerdem kann es passieren, daß nun nicht mehr die Fenster, sondern die Außenwände die kältesten Oberflächen des Raumes sind. Im ersten Fall kann es zu einer Anreicherung von schädlichen Verbrennungsgasen und im Extremfall sogar zu gefährlichem Sauerstoffmangel kommen. Im zweiten Fall kondensiert die Raumluftfeuchte nicht mehr auf der Fensterscheibe, sondern auf den Wänden, was zu Durchfeuchtungen und möglicherweise zu Schimmelbildung führt.

Weitere Informationen zu diesem Thema finden Sie in dem Ratgeber „Feuchtigkeit und Schimmelbildung in Wohnräumen" der Verbraucher-Zentralen (s. S.226).

Anschluß Rahmen – Wand abdichten

Die Verbindung zwischen Wand und Fenster- bzw. Türrahmen ist oft ein Schwachpunkt hinsichtlich der Dichtigkeit. Hier dürfen weder kalte Luft noch Feuchtigkeit hindurchdringen. Leider ist dies insbesondere bei Altbauten, oft aber auch bei neuen Häusern der Fall.

Damit die Fenster einen gewissen Spielraum haben, um sich bei Temperaturschwankungen ausdehnen zu können oder Erschütterungen aufzufangen, muß eine Dehnungsfuge vorhanden sein. Sie wird mit einem flexiblen Material abgedichtet. Wenn dieses Material fehlt oder die Dichtung fehlerhaft ausgeführt ist, können Zugerscheinungen oder sogar Feuchteschäden und Risse im Putz die Folge sein. Durchfeuchtete Wände leiten die Wärme nach außen ab und sind ein idealer Nährboden für ungesunden Schimmel. (Wer mehr darüber wissen will, dem sei der Ratgeber „Feuchtigkeit und Schimmelbildung in Wohnräumen" der Verbraucher-Zentralen empfohlen, s. S. 226). Besonders problematisch ist der Anschluß zwischen Fensterrahmen und Fensterbank bzw. Fensterbank und Mauerwerk. Undichtigkeiten in diesem Bereich sind an Zugerscheinungen oder auch an Tauwasserbildung auf der inneren Fensterbank zu erkennen.

Sie brauchen ► **Werkzeug:**

- Kartuschendrücker (ca. DM 3,- bis 20,-)

Verbrauchsmaterialien:

- Silikon-Anschlußfugendichter (ca. DM 11,- für 310 ml)
- Kreppband (je nach Breite ca. DM 4,- bis 9,- für 50 m)
- Spülmittel (vorhanden)
- ggf. Dichtschnur aus Polyethylenschaumstoff (DM 7,50 bis 11,90 für 5 m; je nach Dicke), Dichtwatte oder Dekompressionsband (ca. DM 28,- für 8 m)

So geht's ► Die Abdichtung solcher Fugen können Sie selbst vornehmen. Sind sie nicht breiter als etwa vier Millimeter, benutzen Sie dazu einen speziellen Silikon-Anschlußfugendichter aus der Kartusche. Er wird einfach in die Fuge eingespritzt und mit dem in Spülmittellösung angefeuchteten Finger geglättet. Um saubere Übergänge zu erhalten, sollten Sie zuvor den Rahmen und gegebenenfalls die Wand mit Kreppband abkleben. Wichtig: Treten die Fugen innen und außen auf, müssen sie auch auf beiden Seiten abgedichtet werden.

Sind die Fugen breiter, müssen Sie sie vorher ausfüllen. Die auf dem Markt erhältlichen Polyurethanschäume sollten Sie dafür allerdings nicht verwenden. Bis Ende

1992 war bei diesen Produkten die Verwendung von F 22 als einem teilhalogenierten FCKW mit gewissem ozonschädigendem Potential erlaubt. Der Verkauf solcher – im übrigen nicht kennzeichnungspflichtiger – Ort- oder Montageschäume ist sogar heute noch gestattet. Alternativen können Jutewatte oder in Leinöl getränkte Schnur zum Ausstopfen der größeren Fugen sein. Beides erhalten Sie bei Händlern von ökologischen Baumaterialien. Die zweitbeste Lösung ist sogenanntes Dekompressionsband. Es kann sich bis zum Fünffachen seines Ursprungsvolumens ausdehnen. Nach dem Ausstopfen muß die Fuge mit dem bereits erwähnten Anschlußfugendichter verschlossen werden.

Auf jeden Fall sollten Sie bedenken, daß die vorher bestehende „Zwangslüftung" durch solche Dichtmaßnahmen unterbunden wird. Sie sollten deshalb unbedingt darauf achten, die Räume regelmäßig kontrolliert zu lüften, um Luftfeuchtigkeit und Schadstoffe zu entfernen und eine ausreichende Sauerstoffzufuhr zu gewährleisten (☞ Richtig lüften, S. 42).

Gegen Wärmeverluste isolieren

Scheiben und Rahmen sind in der Regel wärmedurchlässiger als eine Außenwand. Eventuelle Fensterritzen sorgen zusätzlich für Zugluft, und bei mangelhaften Anschlüssen zwischen Wand und Rahmen kann Feuchtigkeit in das Mauerwerk eindringen, dessen Isolierungsfunktionen beeinträchtigen und es sogar beschädigen (☞ Anschluß Rahmen – Wand abdichten, S. 43).

Bei einem typischen Wohnhaus der 60er Jahre, das heißt mit Einfachverglasung, geht über die Fenster ein Viertel der Heizenergie verloren. Dazu kommen noch einmal 14 % durch Fensterlüftung. Wände und Dach verlieren zusammen nur etwa die gleiche Menge.

Insgesamt beträgt der Anteil der Raumheizung am gesamten Energieverbrauch privater Haushalte in den alten Bundesländern im Durchschnitt etwa 80 % (in den neuen Bundesländern dürfte der Anteil noch wesentlich höher sein).

Die sogenannte thermische Behaglichkeit eines Raumes wird jedoch nicht nur durch die Temperatur der Raumluft bestimmt, sondern auch durch die Oberflächentemperaturen seiner Begrenzungsflächen (das sind die Innen- und Außenwände, Boden und Decke). Wärmeisolierte Fenster kühlen auf der Innenseite weniger aus und ermöglichen so eine Absenkung der Raumtemperatur. Jedes Grad spart dabei etwa 5 % Heizkosten ein.

... mit Isolierfolie
(preisgünstig / leicht zu verwirklichen)

Sofern das Fenster nicht der ☞ Wärmeschutzverordnung (S. 49) entsprechen oder höheren ästhetischen Ansprüchen genügen muß, können Sie eine recht effektive Wärmedämmung der Scheibe erreichen, indem Sie eine Isolierfolie auf der Innenseite anbringen. Entsprechende Folien mit beidseitig klebendem Befestigungsband sind im Fachhandel oder Baumarkt erhältlich. Sie stellen jedoch keine dauerhafte Lösung dar, da sie anfällig gegen Verschmutzung und Beschädigungen sind. Meist halten sie nicht länger als eine Heizperiode. Dann sind sie zwar Abfall – im Vergleich zu dem, was sonst im Haushalt an Verpackungs- oder Frischhaltefolien anfällt, handelt es sich jedoch um eine geringe Menge. Außerdem hat die Folie bis dahin eine Menge Heizenergie eingespart.

Sie brauchen ──► **Werkzeuge:**
- Schere (vorhanden)
- Cuttermesser (ca. DM 3,-)

Verbrauchsmaterialien:
- Spülmittel (vorhanden)
- Spiritus (ca. DM 6,50 pro l)
- Isolierfolie mit Klebeband (ca. DM 40,- für 6 m^2, entspricht ca. DM 6,70 pro m^2)

So geht's

Nachdem Sie Scheibe und Rahmen gründlich gereinigt haben, kleben Sie das Befestigungsband auf die Rahmeninnenseiten. Die Folie wird mit ca. fünf Zentimeter Überstand zugeschnitten und auf dem Klebeband befestigt. Sie kann mehrfach wieder abgelöst werden, um sie weitgehend straff und faltenfrei zu spannen. Danach wird sie fest auf dem Klebeband angedrückt und mit Warmluft aus einem Haartrockner gestrafft.

... mit einer Vorsatzscheibe
(strapazierfähig / leicht zu verwirklichen)

Sie brauchen

Werkzeuge:
- Bohrmaschine
- Schraubendreher

Verbrauchsmaterialien:
- Aufsatzflügel mit Vorsatzscheibe oder Magnet-Befestigungsband

Kosten:
- ca. 30% der Kosten eines neuen Isolierglasfensters

Auch diese Lösung entspricht nicht der ☞ Wärmeschutzverordnung (S. 49), ist aber noch recht preiswert und leicht selbst durchführbar. Achten Sie jedoch darauf, daß die Beschläge des Fensters die zusätzliche Belastung aufnehmen können! Es sollte sich dabei nicht um augenscheinlich schwächliche Exemplare handeln.

So geht's →

An der Innenseite des Fensterflügels wird ein von der Größe her passender Aufsatzflügel mit Scharnieren aufgeschraubt oder mit einem selbstklebenden Magnet-Befestigungsband fixiert. Zum Reinigen des Fensters kann er später aufgeklappt bzw. abgenommen werden. Die Scheibe des Aufsatzflügels kann aus Glas oder transparentem Kunststoff sein. Bei Kunststoff besteht das Risiko, daß der Blick nach draußen verzerrt wird. Achten Sie auch darauf, daß zwischen den Scheiben kondensierte Feuchtigkeit nicht auf dem Rahmen stehen bleibt. Auf Dauer beginnt sonst das Holz zu faulen. Die durch dieses System erreichbare Wärmedämmung ist im allgemeinen nicht besser als mit einer Isolierfolie, dafür ist der Vorsatzrahmen die strapazierfähigere Lösung.

... durch den Umbau zum Verbundfenster

(gründlich / Fachbetrieb)

Kosten:

– ca. 80% der Kosten eines neuen Isolierglasfensters

Unter der Voraussetzung, daß der bestehende Fensterflügel und der Beschlag das zusätzliche Gewicht aufnehmen können, ist es möglich, darauf einen zweiten Holzflügel anzubringen. Beide werden über Spezialbeschläge miteinander verbunden, die zum Putzen voneinander gelöst werden können. Diese Lösung ist technisch und ästhetisch günstiger als die vorstehenden, sie ist aber auch teurer, weil sie meist durch einen Fachbetrieb durchgeführt werden muß.

Wenn Sie zusätzlich eine verbesserte Schalldämmung erreichen wollen, sollten Sie darauf achten, daß die Scheibe des neuen Flügels eine andere Dicke als die des alten besitzt.

Tip

... durch den Einbau einer Isolierverglasung

(gründlich / ästhetisch / Fachbetrieb)

Kosten:

- ca. 70 % der Kosten für den Einbau neuer isolierverglaster Fenster

Auch für diese Lösung muß geprüft werden, ob der vorhandene Rahmen und der Beschlag genügend Tragfähigkeit für ein zusätzliches Gewicht aufbringen. Wenn das der Fall ist, so kann ein Glaser die alte Einfachverglasung durch eine modernere Isolierverglasung ersetzen. Dazu muß er die Einfassung der Scheibe durch Ausfräsen entsprechend anpassen. Bei der Auswahl können Sie sich zwischen wärmetechnisch unterschiedlich guten (und teuren) Verglasungssystemen entscheiden. Nähere Erläuterungen dazu finden Sie unter ☞ Wärmeschutzverordnung und im ☞ Vergleich von Fensterscheiben (S. 36).

Wärmeschutzverordnung

Die Wärmeschutzverordnung vom 16. August 1994 gilt unter anderem für den Neubau von Wohngebäuden oder die Erneuerung von Fenstern. Sie schreibt für Fenster einen Wärmedurchgangskoeffizienten* vor, der höchstens bei 1,8 liegen darf. Ein Wert, der von Zwei-Scheiben-Standardisolierglas und auch von Drei-Scheiben-Isolierglas meist nicht erreicht wird. Dazu bedarf es mindestens einer Wärmeschutzverglasung, bestehend aus zwei oder drei Scheiben mit einer speziellen Gasfüllung und einer Metallbeschichtung.

Bei Kastenfenstern liegt der Fall anders. Hier kann der vorgeschriebene Wert oft schon durch die Kombination von Zwei-Scheiben-Standardisolierglas und einer Einfachverglasung erreicht werden.

* Wärmedurchgangskoeffizient, auch k-Wert, ist ein Maß für den Wärmeverlust, der durch ein Bauteil stattfindet. Er wird angegeben in Wärmeenergie pro Fläche und Grad Temperaturdifferenz ($W/m^2 \times K$). Je geringer also der k-Wert ist, desto kleiner sind die Wärmeverluste.

Gegen Schall isolieren

... durch Einbau eines Zusatzfensters oder Umbau zu einem Kastendoppelfenster
(gründlich / ästhetisch / Fachbetrieb)

Kosten:
– ca. 120 % eines neuen Isolierglasfensters

Besonders bei Altbauten bietet es sich oft an, das bereits vorhandene Fenster durch den Einbau eines zweiten, zusätzlichen Fensters oder besser durch Umbau zu einem Kastenfenster zu erhalten. So wird das Gebäude den modernen Wärmeschutzbestimmungen angepaßt und bewahrt trotzdem seinen Charakter. Wegen des größeren Scheibenabstands als bei der Zweifach-Isolierverglasung wird eine bessere Schalldämmung erreicht. Wenn eines der beiden Fenster zusätzlich mit einer Isolierverglasung ausgestattet wird, kann der Wärme- und Schallschutz nochmals verbessert werden. Ein solcher Umbau kann nur von einem erfahrenen Fensterbaubetrieb durchgeführt werden. Optimale Schalldämmung erreichen Sie durch Verkleidung der Wände des Raumes zwischen beiden Fenstern mit schallschluckendem Material (z. B. Weichfaserplatten).

Bei Wärmeschutzmaßnahmen an Fenstern von Altbauten und Dachgeschossen sollten Sie immer prüfen, ob auch eine Isolierung der Außenwände erforderlich ist. Ansonsten könnten feuchte Wände mit eventueller Schimmelbildung die Folge sein. (Mehr dazu finden Sie in dem Ratgeber „Feuchtigkeit und Schimmelbildung in Wohnräumen", s. S. 226). Grundsätzlich erfordert jede durchgeführte Dämmaßnahme eine regelmäßige gründliche Lüftung (☞ Richtig lüften, S. 42).

Schalldämmung

Der für die meisten Menschen erträgliche Geräuschpegel liegt für Innenräume bei ca. 30 bis 40 dB(A). Zum Vergleich:

Gespräch:	40-50 dB
Verkehr:	50-70 dB
Flugzeugmotor:	120-130 dB
Schmerzgrenze:	130 dB

Eine Schädigung des Gehörs kann bei dauernder Belastung ab 85 dB auftreten. Oberhalb dieser Schwelle wird Lärm von den meisten Menschen als sehr störend empfunden.

Ein normales Fenster mit Zwei-Scheiben-Isolierglas erreicht einen Schalldämmwert von 25 bis 28 dB. Unter der Voraussetzung, daß die Außenwand Ihres Hauses ausreichend schallgedämmt ist und draußen lediglich geringer bis „normaler" Verkehrslärm herrscht, sollte das genügen. Bei starken Außenlärm, z. B. an einer vielbefahrenen Straße, können Fenster mit höherer Dämmwirkung erforderlich sein. Zur Orientierung werden die Fenster in sogenannte Schallschutzklassen eingeteilt (Klasse 2 bis 5). Als Faustregel gilt:

[vorhandener Außenpegel (dB)
– gewünschter Innenpegel (dB)] ÷ 10
= erforderliche Schallschutzklasse

Für den Schallschutz gilt im übrigen das gleiche wie für die Wärmedämmung: In einer schlecht gedämmten Wand oder Dachfläche nützt ein teures hochdämmendes Fenster nur wenig. Eventuell vorhandene Lüftungsöffnungen oder ungedämmte Rolladenkästen können ebenfalls den angestrebten Schallschutz zunichte machen. Eine Abdichtung von Fenster- und Türspalten kann dagegen den Schallschutz wirksam unterstützen.

Tip

Wenn Sie wegen eines hohen Außenlärmpegels neue Fenster mit einer hohen Schallschutzklasse einsetzen lassen wollen: Erkundigen Sie sich bei Ihrer Gemeinde (meist Straßenbauverwaltung) danach, ob Ihre Wohngegend in einem Lärmkataster erfaßt ist. Ist der Außenlärm „genügend" groß, können Sie eventuell für solche Fenster Zuschüsse erhalten. Beachten Sie dabei die Anforderungen, die an die Gewährung solcher Gelder gestellt werden. Insbesondere gilt, daß grundsätzlich nicht nachträglich erstattet wird.

III. Neue Fenster kaufen

Beim Kauf von Fenstern gilt es, auf **Rahmen** und **Verglasung** zu achten. Gängige Rahmenmaterialien sind gegenwärtig PVC, Holz oder Aluminium. Von den etwa 20 Millionen bei uns im Jahr verkauften Fenstern haben 40 % einen PVC-Rahmen. Holzfenster liegen mit einem etwas geringeren Marktanteil dicht dahinter (davon ist die Hälfte aus Tropenholz). 20 % der verkauften Fenster sind von Aluminium umrahmt. Während bei öffentlichen und wirtschaftlich genutzten Gebäuden, aber auch im Wohnungsbau, häufig Kunststoff- oder auch Aluminiumfenster eingesetzt werden, wählen die meisten privaten Häuslebauer Holz als Rahmenmaterial. In den letzten Jahren hat jedoch auch dort die Wende hin zu mehr Plastik stattgefunden. Besonders in den neuen Bundesländern erfreuen sich PVC-Fenster mit einem Marktanteil von insgesamt 57 % großer Beliebtheit.

In der Regel geht bei einem gut abgedichteten Fenster die meiste **Heizenergie** durch die Scheiben verloren. Das hat im wesentlichen zwei Gründe. Zum einen macht der Anteil des Rahmens im Durchschnitt nur etwa ein Drittel der gesamten Fensterfläche aus, zum anderen ist

Glas ein guter Wärmeleiter. So beträgt der Anteil der Wärme, die z. B. ein Holzfenster über seinen Rahmen verliert, lediglich etwa 4 %. Das gilt allerdings nur für den Fall, daß Standardisolierglas verwendet wurde. Hat das Fenster ein Zweifach-Wärmeschutzglas, so steigt der Anteil der Wärmeverluste durch den Rahmen schon auf ein Viertel des gesamten Fensters. Dabei hat Holz noch die besten Dämmeigenschaften, dicht gefolgt von Kunststoff. Aluminium liefert hier die mit Abstand schlechtesten Werte. Rahmen aus einem Verbund von Holz (innen) und Aluminium (außen) liegen besser im Rennen – wenn auch nicht so gut wie Holz oder Kunststoff. Für Holz spricht auch, daß es im Vergleich zu Kunststoffrahmen eine wesentlich höhere Stabilität besitzt. Dadurch können bei gleicher Größe die Rahmen schmaler gehalten und somit die Lichtausbeute vergrößert werden.

Nach den Wärmeverlusten spielt der Energieverbrauch bei der **Produktion** eine Rolle, wenn auch in geringerem Maße. Hier ist heimisches Holz mit Abstand am günstigsten (bei Tropenholz muß die Transportenergie hinzugerechnet werden). Danach folgen etwa gleichauf der PVC-Rahmen, bei dem die Innenverstärkung aus Stahl einige Energie verbraucht, und der Verbundrahmen aus Holz und Aluminium. Weit abgeschlagen ist wiederum der Aluminiumrahmen wegen der großen Mengen elektrischen Stroms, die für das Schmelzen des Aluminiumerzes benötigt werden.

Der Raubbau an tropischen Regenwäldern ist bekanntermaßen ein enormes ökologisches und soziales Problem. Weniger bekannt sein dürfte dagegen, daß auch nordische Hölzer – aus Nordamerika, Kanada oder Sibirien – aus einer nichtnachhaltigen Forstwirtschaft stammen können. Einheimische Hölzer wie Fichte und Kiefer sind dagegen grundsätzlich nicht mit einer solchen Hypothek belastet, wenn auch aus naturschützerischer

Sicht an den Holzmonokulturen unserer Wälder einiges auszusetzen ist. Es gibt auch Tropenholz aus kontrolliert nachhaltiger Forstwirtschaft zu kaufen. Es ist dem Siegel des „Forest Stewardship Council" (FSC) gekennzeichnet. Die Energie für seinen Transport wird dadurch selbstverständlich nicht geringer.

Hinsichtlich des **Rohstoffverbrauchs** ist einheimisches Holz allen anderen Materialien deutlich überlegen. Immerhin handelt es sich um einen nachwachsenden Rohstoff, während Aluminium zwar recycel- aber nicht regenerierbar und Erdöl (als Ausgangsmaterial für Kunststoffe) zusätzlich sogar knapp ist.

Bei der **Haltbarkeit** ist der Aluminiumrahmen wegen seiner geringen Witterungsanfälligkeit am günstigsten. Verbundrahmen aus Holz und Aluminium nutzen diese positive Eigenschaft und sind aus diesem Grund ebenfalls sehr haltbar. Kunststoffrahmen erkaufen ihre – ebenfalls große – Langlebigkeit durch den Zusatz großer Mengen an Schwermetallverbindungen, den sogenannten Stabilisatoren. Dabei handelt es sich heute in aller Regel um Bleiverbindungen, die bei ihrer Produktion und bei der Entsorgung des Kunststoffs zumindest eine potentielle Umweltgefährdung darstellen. Die Haltbarkeit von Rahmen aus einheimischen Hölzern ist grundsätzlich geringer als die aus anderen Materialien. Sie läßt sich allerdings durch geeignete Einbau- und Pflegemaßnahmen stark erhöhen. Dazu zählt z. B. ein möglichst schlagregensicherer Einbau und die regelmäßige Kontrolle und gegebenenfalls Erneuerung des Anstrichs. Gegenüber allen anderen Materialien haben Holzfenster den großen Vorteil, daß sie sich selbst bei größeren Schäden reparieren lassen. Die weitaus meisten verkauften Rahmen aus nordischen oder einheimischen Hölzern werden mit holzschützenden Mitteln behandelt, die ebenfalls bei der Produktion und der Entsorgung problematisch sind. Im Gegensatz zu den

Schwermetallen in Kunststoffenstern werden diese Stoffe allerdings beim Verbrennen zerstört. Für die Bewohner eines Hauses stellt weder das eine noch das andere ein Gesundheitsproblem dar. Rahmen aus tropischen Hölzern sind demgegenüber von sich aus wesentlich witterungsbeständiger und damit dauerhafter. Sie benötigen deshalb auch keine Holzschutzmittel.

Bei der **Entsorgung** machen Aluminiumrahmen den wenigsten Ärger. Sie werden als Sekundärrohstoff für die Herstellung von Aluminiumprodukten mit geringeren Qualitätsansprüchen eingesetzt. Dabei wird im Vergleich zur Neuproduktion relativ wenig Energie verbraucht. Anders verhält es sich bei den anderen Rahmenmaterialien. Ein Rücknahmesystem für PVC-Fenster steckt noch in den Kinderschuhen. Die Kosten für die Sammlung und Verwertung sind wesentlich höher als die Kosten für das Rohmaterial. Deshalb ist es fraglich, ob das Verwertungssystem die Lebensdauer eines heute gekauften Fensters überdauern wird. Die Alternative besteht in der Verbrennung der PVC-Rahmen. Ihre Deponierung ist nämlich durch die Technische Anleitung (TA) Siedlungsabfall verboten. Bei der Verbrennung werden große Mengen an Salzsäure gewonnen, für die jedoch am Markt keine große Nachfrage besteht. Um sie einigermaßen sicher entsorgen zu können, wird die Salzsäure deshalb meist mit Natronlauge neutralisiert und dann – wegen der enthaltenen Schwermetalle – als Sonderabfall in Untertage-Deponien endgelagert.

Auch die Rahmen aus dem Naturprodukt Holz sind nicht ohne Probleme, was ihre Entsorgung betrifft. Da sie meist mit Holzschutzmitteln behandelt sind, dürfen sie nicht zu anderen Holzwerkstoffen weiterverwertet werden. Und weil auch sie nicht deponiert werden dürfen, bleibt hier keine andere Möglichkeit als die Verbrennung übrig, allerdings ohne die speziellen Folgeprobleme des PVC.

Was die **Preise** angeht, so sind Fenster mit einem Kombinationsprofil aus Holz und Aluminium wegen ihrer aufwendigen Konstruktion mit Abstand die teuersten. Es folgen die reinen Aluminiumrahmen. Demgegenüber günstig sind Holzfenster mit einem durchschnittlichen Preis von DM 500,-. Am preisgünstigsten sind Kunststoffenster zu haben. Sie kosten im Durchschnitt etwa DM 435,-. Beim Holzfenster kommt im Laufe von 40 Jahren durch Pflege- und Instandhaltungsaufwendungen ein zusätzlicher Betrag von ca. DM 500,- zusammen, die beim Kunststoff- oder Aluminiumfenster gespart werden. Über einen Zeitraum von ungefähr 40 Jahren kostet das Holzfenster also etwa das Doppelte eines Kunststoffensters. Das macht selbst die für die letzteren erhobene Entsorgungsgebühr von ca. DM 65,- pro Fenster nicht wett.

Insgesamt ist unter Umweltgesichtspunkten Fenstern aus einheimischen Hölzern vor den anderen Rahmenmaterialien der Vorzug zu geben. Dabei sind Kiefer, Fichte, Lärche oder Douglasie besonders gut geeignet. In der Summe seiner Umwelteigenschaften hat Holz das ausgewogenste Profil und bringt keine extrem schädlichen Auswirkungen mit sich. Aluminium dagegen ist mit einem sehr hohen Energieverbrauch und schlechten Dämmwerten, PVC mit schwermetallhaltigen Stabilisatoren und einer ungelösten Entsorgungsproblematik belastet.

Was die Verglasung eines neuen Fensters betrifft, so sollte man sich nicht mit Scheiben zufriedengeben, die nicht dem Standard der Wärmeschutzverordnung entsprechen (☞ Wärmeschutzverordnung, S. 49). Scheiben mit besonders guten Dämmwerten dürfen mit dem „Blauen Umweltengel" geschmückt werden. Wenn Ihre Auswahl sich daran orientiert, können Sie fast nichts falsch machen.

ÖKOLOGISCHER VERGLEICH VON RAHMENMATERIALIEN FÜR FENSTER	Energie-verbrauch	Ressourcen-verbrauch	Schadstoffe	Haltbarkeit / Reparierbarkeit	Entsorgung	Gesundheit
heimisches Holz	gering	gering	mittel	gut / sehr gut	mittel	ohne Bedeutung
Tropenholz	hoch	hoch	mittel	sehr gut / gut	gut	ohne Bedeutung
PVC	mittel	gering	hoch	sehr gut / sehr schlecht	schlecht	ohne Bedeutung
Aluminium / Holz	mittel	mittel	mittel - hoch	sehr gut / schlecht	mittel - schlecht	ohne Bedeutung
Aluminium	hoch	hoch	hoch	sehr gut / sehr schlecht	gut	ohne Bedeutung

besonders empfehlenswert

„Treten Sie doch ein" –

TÜREN

„TRETEN SIE DOCH EIN" – TÜREN

Türen haben mit Fenstern einiges gemeinsam – zumindest soweit es sich um Türen ins Freie handelt. Sie sollen Öffnungen im Gebäude abdichten und außerdem so konstruiert sein, daß sie diese Aufgabe unbeschadet und möglichst lange erfüllen können. Wie Fenster tragen sie maßgeblich zum äußeren Erscheinungsbild eines Hauses bei.

An Zimmertüren werden dagegen wesentlich geringere Ansprüche gestellt. Deshalb hat man bei ihrer Renovierung sehr viel mehr Freiheiten. Wir berücksichtigen dies, indem wir im folgenden beide Arten von Türen getrennt behandeln. Auch hier werden wir ausschließlich die Renovierung von Türen aus Holz und Holzwerkstoffen beschreiben, da solche aus Kunststoff oder Metall kaum zu renovieren sind. Außerdem sind sie vergleichsweise selten.

I. Haustüren

Abdichten

Zugluft ist die unangenehmste Art, wie eine mangelhafte Haus- oder Wohnungstür auf sich aufmerksam machen kann. Wenn dieser Effekt bei Ihnen zu Hause auftritt, dann sollten Sie unbedingt Maßnahmen ergreifen. Mit relativ geringem Einsatz können Sie hier Abhilfe schaffen, ohne dabei Ihre Haushaltskasse oder die Umwelt zu belasten.

... mit Schaumstoffdichtungsband oder Profildichtungen (leicht zu verwirklichen)

Sie brauchen

Werkzeug:
- Schere (vorhanden)

Verbrauchsmaterialien:
- Dichtungsband (je nach Ausführung ca. DM 4,- bis 8,50 für 10 m) oder
- Profildichtungsband (je nach Dicke ca. DM 8,- bis 14,- für 6 m)
- Spiritus (ca. DM 6,50 pro l)

So geht's

Hinsichtlich der Abdichtung gilt für Türen das gleiche wie für Fenster. Die Beschreibung, wie Sie die Ritzen und ihre Breite ermitteln, finden Sie deshalb bei den Fenstern (☞ Isolieren, S. 39). Schmalen Spalten zwischen Tür und Rahmen können Sie ☞ ... mit Schaumstoffdichtungsband (S. 40) oder dauerhafter ☞ ... mit Profildichtungen (S. 41) zu Leibe rücken.

... mit Bürstenstreifen
(leicht zu verwirklichen)

Werkzeug:
- Schere (vorhanden)
- ggf. Kneifzange (vorhanden)

Verbrauchsmaterialien:
- Bürstenstreifen (ca. DM 15,- pro m)

Oft zieht es durch die Ritze unter der Tür hindurch. Dem sollten Sie auf alle Fälle durch das Anbringen eines Bürstenstreifens begegnen. Ist der Boden hart und glatt (Fliesen o. ä.) empfiehlt sich ein beweglicher Streifen, der sich Unebenheiten anpaßt.

Befinden sich Fugen zwischen Türrahmen und Wand, sollten Sie zunächst diese abdichten (☞ Anschluß Rahmen – Wand abdichten, S. 43).

... mit Paßleisten
(gründlich / dauerhaft)

Wesentlich strapazierfähiger und optisch ansprechender als das Einkleben von Schaumstoff- oder Profildichtungsbändern ist die Montage von Paßleisten mit Dichtungen. Schließlich wird eine Tür sehr viel häufiger geöffnet und geschlossen als ein Fenster. Auch wenn die Tür stark verzogen sein sollte, ist diese Lösung im Gegensatz zu anderen immer noch praktikabel. Die Leisten werden so in den Türrahmen hineingesetzt, daß die daraufsitzende Dichtung den Spalt zwischen geschlossener Tür und Rahmen abdichtet.

Sie brauchen ➤ **Werkzeuge:**
- Säge (Fuchsschwanz) (DM 18,- bis 34,-)
- Hammer (vorhanden)
- Bohrmaschine
- Pinsel mit Kunststoffborsten (ca. DM 5,- pro Satz)

Verbrauchsmaterialien:
- Holzleisten (ca. DM 1,- pro m)
- Silikon- oder Kunststofflippendichtung (ca. DM 0,70 bis 3,- pro m)
- Acryllack mit dem „Blauen Engel" je nach Farbe der Tür (ca. DM 17,- bis 19,50 pro 0,75 l)
- Holzschrauben (ca. DM 2,50 für 250 g)

So geht's ➤ Bei den erforderlichen Dichtungen handelt es sich um Hohlprofile aus Silikon- oder Weichkunststoff. Sie sind im Baumarkt oder Fachhandel als Meterware erhältlich. Wenn Sie sich für eine Dichtung entschieden haben, können Sie die dazu passende Leiste kaufen. Sie sollte

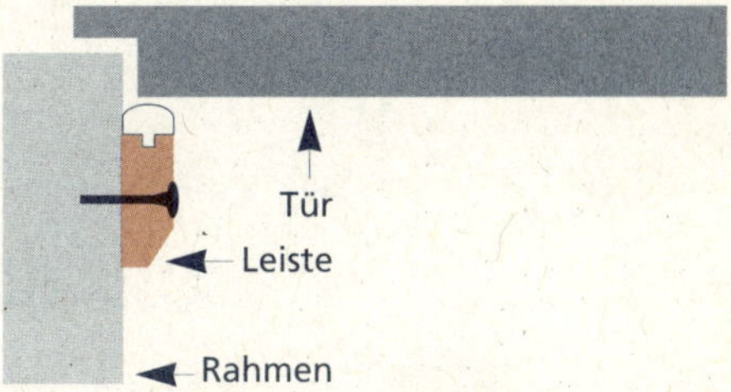

ungefähr so dick sein, wie das Dichtprofil breit ist. Die Breite der Leiste sollte etwa 5 cm betragen. Lassen Sie sich die Leisten in der erforderlichen Länge zuschneiden und jeweils mitten in eine Schmalseite eine Nut fräsen, die genau so breit ist, daß sich das Dichtprofil hineindrücken läßt. Des besseren Aussehens wegen sollten Sie die der Dichtung gegenüberliegende Kante der Leiste in einem Winkel von 45° anschrägen lassen.

Streichen Sie die Leisten allseitig im Farbton des Türrahmens (☞ Renovieren des Anstrichs, S . 64). Erst dann drücken Sie die Dichtung in die Nut ein und bohren die Löcher für die Befestigungsschrauben vor. Passen Sie die Leisten bei geschlossener Tür mit leichtem Druck so in den Rahmen ein, daß die Dichtung überall mindestens leicht von der Tür eingedrückt wird. Stechen Sie nun die Befestigungslöcher im Rahmen vor und schrauben Sie die Leisten bei geöffneter Tür an.

Spröde gewordene alte Profildichtungen ziehen Sie einfach aus der Nut, die Sie anschließend gründlich mit Spülmittellösung reinigen sollten. Nehmen Sie ein Stück der alten Dichtung zum Kauf der neuen mit, um sicherzugehen, daß Sie die richtige Größe erwischen.

... mit Silikon-Dichtungsmasse
(dauerhaft / leicht zu verwirklichen)

Sie brauchen ▸ **Werkzeuge:**
- Cuttermesser (ca. DM 3,-)
- Kartuschendrücker (ca. DM 3,- bis 20,-)

Verbrauchsmaterialien:
- Silikon-Fugendichtungsmasse (ca. DM 4.- bis 17,25 für 300 ml) mit Trennfolie aus Kunststoff

So geht's ▸ Diese Methode ist besonders dann hilfreich, wenn die Haustür allzu stark verzogen ist. In den gereinigten, von loser Farbe befreiten und sorgfältig getrockneten Falz des Türrahmens spritzen Sie spezielle dauerelastische Fugendichtmasse aus Silikon. Es gibt sie als Kartusche farblos oder in verschiedenen Farbtönen. Kaufen Sie gegebenenfalls eine farbige Dichtungsmasse – Silikon läßt sich nicht überstreichen. Legen Sie auf die Masse die mitgelieferte Trennfolie aus Kunststoff und halten Sie die Tür acht Stunden lang geschlossen. Danach öffnen Sie sie, ziehen die Folie ab und schneiden mit einem Messer die überstehende Dichtmasse bündig ab.

Renovieren des Anstrichs

Auch wenn die alte Holzhaustür schäbig aussieht, muß sie nicht unbedingt einer neuen weichen. Vielleicht handelt es sich sogar um ein besonders schönes, aber ramponiertes Stück – und dann wäre es doch erst recht schade um sie. Wenn nicht gerade der Rahmen verzogen oder verdreht oder das Holz wirklich sehr angegriffen ist, sollten Sie nicht zögern, dem guten Stück eine Chance auf ein zweites Leben zu geben. Prüfen können Sie das Holz übrigens ganz leicht. Stechen Sie mit einem spitzen Messer in die Unterseite der ausgehängten Tür. Das Holz sollte einigermaßen fest sein.

Werkzeuge: ◄—— **Sie brauchen**

- Böcke oder Werkbank (ca. DM 10,- pro Stück / ausleihen)
- ggf. Abziehklinge (je nach Breite DM 12,90 bis 26,-)
- ggf. Heißluftgerät (DM 70,- bis 170,-; ausleihen)
- Schleifschwamm (ca. DM 1,50 bis 4,50)
- Schleifklotz (DM 1,- bis 6,50)
- ggf. Schwing- oder Exzenterschleifer (vorhanden / ausleihen; DM 12,- bis 20,- pro Tag)
- Staubsauger (vorhanden)
- Cuttermesser (ca. DM 3,-)
- Schraubendreher
- Stechbeitel (ca. DM 21,- bis 24,-)
- Pinsel (flach mit Kunststoffborsten) (ca. DM 5,- pro Satz)
- Lackierrolle (ca. DM 6,- pro Garnitur)
- ggf. Kartuschendrücker (ca. DM 3,- bis 20,-)
- Schutzbrille (ca. DM 20,-, im Set mit Gehörschutz)

Verbrauchsmaterialien:

- Schleifpapier (P 80 bis P 120 und P 180 bis P 220) (ca. DM 3,- für 12 Blätter)
- Staubmaske für Feinstaub (ca. DM 6,50)
- Abbeizstrip (ca. DM 19,- für 1 kg)
- ggf. Schleifblätter oder Schleifscheiben (P 80 bis P 120 und P 180 bis P 220)
- lösemittelfreier Holzspachtel (ca. DM 6,50 für 150 g)
- ggf. Klebeband aus Kreppapier (in Pinselbreite) (ca. DM 4,- bis 9,- für 50 m)
- Acryllack oder Dickschichtlasur mit dem „Blauen Engel" (ca. DM 16,95 bis 19,- für 0,75 l)
- ggf. Silikondichtmasse (ca. DM 4,- bis 17,25 für 300 ml) oder Ölkitt (Glaserkitt) (ca. DM 2,- für 500 g)
- ggf. Zeitungspapier (vorhanden)

So geht's ► Wenn die Beschichtung noch nicht allzu schwer beschädigt ist, das Holz an der Vorderseite noch keine Beschädigungen aufweist und die Farbschichten noch nicht allzu dick sind, reicht es meist aus, den Anstrich aufzufrischen. Wie Sie dabei am besten vorgehen, können Sie im Kapitel zu den Fenstern unter ☞ Renovieren des Anstrichs durch Auffrischen (S. 22) nachlesen.

Sollte ein komplett neuer Anstrich fällig sein, so können Sie auch hierbei im wesentlichen auf die bei den Fenstern gegebenen Informationen zurückgreifen (☞ Renovieren des Anstrichs durch Erneuern, S. 27). Es sind jedoch einige Ergänzungen nötig: Hängen Sie die Tür auf jeden Fall aus und lagern Sie sie für alle Arbeitsgänge auf Böcken. Erleichtern Sie sich das Arbeiten, indem Sie zu Beginn das Schloß, die Schloßschilder und die Drücker abschrauben. Heben Sie alle losen oder zu lösenden Holzteile ab (Leisten o. ä.) und entfernen Sie alle darunter sitzenden Lack- oder Spachtelreste mit der Abziehklinge.

Oftmals sind Haustüren mit Zierprofilen oder reliefartigen Ornamenten versehen, von denen sich die Farbe nicht leicht entfernen läßt. An solchen Stellen, die einer Ziehklinge nicht zugänglich sind und bei denen das Schleifen mit dem Schleifschwamm zu mühselig wird, können Sie auf sogenannte Abbeizstrips zurückgreifen. Dabei handelt es sich um Natronlauge oder Natriumcarbonat als Gel, das auf die entsprechenden Stellen aufgetragen wird. Nach einer längeren Einwirkzeit (bis zu 12 Stunden) können Sie die Farbe mit einem Spachtel abschieben. Danach wird die Oberfläche mit klarem Wasser gewaschen und mit verdünntem Essigwasser (1 Teil Essig auf 20 Teile Wasser) neutralisiert. Vor der weiteren Behandlung gut trocknen lassen. Voraussetzung für das Funktionieren dieser Methode ist, daß es sich bei der alten Farbe um Alkyd- oder Naturharzlack handelt.

Da Natronlauge und Natriumcarbonat ätzende Stoffe sind, müssen Sie bei allen Arbeiten damit unbedingt Gummihandschuhe und eine Schutzbrille tragen! Halten Sie Kinder auf jeden Fall fern!

Die abgebeizten Reste von Farben und Abbeizstrips sind Sonderabfall.

Falls es sich bei dem zu entfernenden Lack um Acryllack handelt, funktioniert diese Methode leider nicht. In diesem Fall können Sie ein Heißluftgerät benutzen. Wie man das macht, können Sie unter ☞ Heizkörper lackieren (S. 117) nachlesen.

Beim Streichen der Tür sollten Sie der Unterkante besondere Aufmerksamkeit schenken. Da hier ablaufendes Wasser stehenbleibt, ist sie am stärksten gefährdet. Sorgen Sie also dafür, daß die Farbe hier satt eindringt. Tränken Sie das Holz gut mit Lack, damit später kein Wasser eindringen kann! Für die Flächen verwenden Sie am besten eine Lackierrolle. Sie wird immer in Richtung der Holzmaserung geführt.

Wenn die Tür andersfarbige Elemente haben soll, so werden diese am Schluß aufgemalt.

Sollten sich in der Tür Glasscheiben befinden, die Sie aus Energiespar- oder sonstigen Gründen erneuern wollen, so halten Sie sich an die Hinweise, die Sie im Kapitel über Fenster finden (☞ Zerbrochene Scheiben ersetzen, S. 33).

II. Zimmertüren

Abdichten

Sie brauchen ► **Werkzeuge:**
- Säge (Fuchsschwanz)
- Hammer (vorhanden)
- Pinsel (flach mit Kunststoffborsten) (ca. DM 5,- pro Satz)

Verbrauchsmaterialien:
- Holzleisten (ca. DM 0,70 pro laufendem Meter)
- Silikon- oder Kunststofflippendichtung (ca. DM 0,70 bis 3,- pro m)
- Acryllack oder Lasur mit dem „Blauen Engel" in der Farbe der Tür (ca. DM 17,- bis 19,- für 0,75 l)
- Montageband (ca. DM 15,- für 5 m)

So geht's ► Auch Zimmertüren können sich im Laufe der Zeit verziehen, dabei Spalten bekommen und gegebenenfalls sogar unangenehme Zugluft verursachen. Sie können dem auf ähnliche Weise begegnen wie bei den Haustüren, indem Sie nämlich Anschlagleisten (glatt oder profiliert) mit Montageband bei geschlossener Tür so auf die Zarge kleben, daß der Spalt abgedeckt wird. Die Leisten müssen zuvor auf Gehrung zugeschnitten werden, also spitzwinklig, so daß sie zu einem rechtwinkligen Rahmen zusammengefügt werden können. Am besten lassen Sie das direkt beim Kauf machen (Maße nehmen!), oder Sie sägen sich die Leisten mit Hilfe einer Gehrungslehre selbst zurecht.

Im Gegensatz zu den Haustüren sollten Sie etwaige Spalten unter der Tür nicht abdichten. Es könnte sein, daß sie einer planmäßigen Zwangsbelüftung des Raumes dienen. Das ist insbesondere bei fensterlosen

Räumen oder bei Raumheizungen mit offener Flamme wichtig. Deshalb sollten Sie selbstverständlich auch niemals Lüftungsschlitze verschließen.

Beseitigen von Paßproblemen

Werkzeuge: ← **Sie brauchen**
- ggf. Schraubendreher oder Inbusschlüssel
- ggf. Hobel (DM 95,- bis 178,-)
- ggf. Falzhobel (DM 65,- bis 100,-) oder Elektrohobel (ausleihen; ca. DM 25,- pro Tag)
- ggf. Gehrungslehre mit Säge (ca. DM 5,- bis 30,-)

So geht's

Nach jahrelangem Gebrauch kann es vorkommen, daß eine Tür plötzlich anfängt zu klemmen. Als erstes sollten Sie die genaue Stelle ermitteln, an der sich Tür und Zarge „zu nahe" kommen. Schließen Sie dazu die Tür so weit es geht und schieben Sie dann eine Postkarte in dem Spalt hin und her, bis Sie die Stelle gefunden haben. An den sogenannten Bändern, mit denen die Tür oben und unten am Rahmen gehalten wird, können Sie die Stellung bei neuen Türen korrigieren. Klemmt die Tür an der oberen Längsseite, so muß das obere Band weiter in die Tür eingedreht werden. Klemmt sie unten, entsprechend das untere.

Läßt die Tür sich nicht mehr vollständig schließen („sperrt" sie), so können Sie ihr dadurch zu mehr Raum verhelfen, indem Sie die rahmenseitigen Bänder – wieder oben oder unten – ein Stück weit herausdrehen oder, je nach Konstruktion, die Befestigungsschraube lösen, das Band etwas herausziehen und die Schraube wieder andrehen. Klemmt die Tür an ihrer Oberseite oder schleift sie am Boden, helfen möglicherweise das Einlegen bzw. Entfernen von Unterlegscheiben auf bzw. vom Zapfen des rahmenseitigen Türbandes.

Lassen sich die Probleme auf diese Weise nicht beheben, so muß die Tür eingepaßt bzw. eingekürzt werden. Wenn es sich nicht um neue Türen handelt und der Fußboden nicht erhöht worden ist, sind dabei höchstens einige Millimeter Material von der Tür abzunehmen.

Zum Bearbeiten der Ober- oder Unterseite einer Tür benutzen Sie einen normalen Hobel mit scharfer und nicht zu weit herausstehender Klinge. Die Tür wird seitkant auf den Boden gestellt und so fixiert, daß sie nicht kippen kann. Dann wird der Hobel auf der zu bearbeitenden Kante von beiden Seiten aus nach innen geführt.

Wollen Sie Material vom Türfalz abnehmen, so benutzen Sie dafür einen speziellen Falzhobel, der bis in die Kante hinein Material abnimmt. Hobeln Sie immer nur wenig ab und hängen Sie die Tür zum Ausprobieren immer wieder einmal ein. Leichter geht's mit einem Elektrohobel, den Sie auch ausleihen können.

Schleift die Tür, nachdem Sie einen neuen Teppichboden verlegt oder eine neue Fußmatte gekauft haben, empfiehlt sich das Anbringen eines Türhebers. Beim Öffnen schiebt er die Tür nach oben.

Renovieren des Anstrichs

Werkzeuge: ← Sie brauchen

- Böcke oder Werkbank
  (ca. DM 10,- pro Stück / ausleihen)
- ggf. Abziehklinge
  (je nach Breite DM 12,90 bis 26,-)
- ggf. Heißluftgerät
  (DM 70,- bis 170,-; ausleihen)
- Schleifschwamm (ca. DM 1,50 bis 4,50)
- Schleifklotz (ca. DM 1,- bis 6,50)
- ggf. Schwing- oder Exzenterschleifer
  (vorhanden / ausleihen; ca. DM 12,- bis 20,- pro Tag)
- Staubsauger (vorhanden)
- Cuttermesser (ca. DM 3,-)
- Schraubendreher
- Stechbeitel (ca. DM 21,- bis 24,-)
- ggf. Lackierrolle (ca. DM 6,- pro Garnitur)
- ggf. Pinsel für Leinölfirnis (ca. DM 5,- pro Satz)
- Kartuschendrücker (ca. DM 3,- bis 20,-)

Verbrauchsmaterialien:

- Schleifpapier (P 80 bis P 120 und P 180 bis P 220)
  (ca. DM 3,- für 12 Blätter)
- Staubmaske für Feinstaub (ca. DM 6,50)
- Abbeizstrip (ca. DM 19,- für 1 kg)
- ggf. Schleifblätter oder Schleifscheiben
  (P 80 bis P 120 und P 180 bis P 220)
- lösemittelfreier Holzspachtel (ca. DM 6,50 für 150 g)
- ggf. Klebeband aus Kreppapier (in Pinselbreite)
  (ca. DM 4,- bis 9,- für 50 m)
- ggf. Acryllack oder Lasur mit dem „Blauen Engel"
  (ca. DM 16,95 bis 19,- für 0,75 l)
- ggf. Leinölfirnis (ca. DM 11,- pro Liter)
- ggf. Silikondichtmasse
  (ca. DM 4,- bis 17,25 für 300 ml) oder
  Ölkitt (Glaserkitt) (ca. DM 2,- für 500 g)
- ggf. Zeitungspapier (vorhanden)

So geht's ►

Das Auffrischen eines alten Anstrichs einer Zimmertür unterscheidet sich nicht grundsätzlich von dem einer Haustür oder eines Fensters. Wir verweisen deshalb auf die entsprechende Arbeitshilfe (☞ Renovieren des Anstrichs durch Auffrischen, S. 22). Wenn Sie eine Zimmertür neu streichen wollen, so haben Sie bei der Wahl des Anstrichmittels allerdings wesentlich mehr Spielraum als bei den Fenstern oder Haustüren, da die Außenwirkungen Sonne, Regen, Wind und Kälte entfallen. Deshalb kommen als Beschichtungsstoffe neben den Acryllacken und Dickschichtlasuren mit dem Umweltengel auch solche Lasuren für innen (Dünnschichtlasuren) und sogar Leinölfirnis in Frage. Wie Sie die alte Farbe entfernen und Acryllack verarbeiten sollten, können Sie unter ☞ Haustüren / Renovieren des Anstrichs, S. 64 und bei den Fenstern nachlesen (☞ Renovieren des Anstrichs durch Erneuern, S. 27). Dünnschichtlasuren lassen sich auf die gleiche Weise verstreichen. Im Gegensatz zu Holz, das der ungefilterten Sonne ausgesetzt ist, können Innentüren auch farblos gestrichen werden. Bereits Fensterscheiben halten den UV-Anteil des Lichtes soweit zurück, daß die Holzoberfläche nicht mehr beschädigt werden kann. Allerdings dunkelt Holz unter Lichteinfluß nach.

Im Unterschied zu den anderen Beschichtungen bildet Leinölfirnis keine Schicht auf der Oberfläche, sondern dringt vollständig in das Holz ein. Dabei färbt es das Holz etwas dunkler und gibt ihm eine glatte Oberfläche. Es läßt jedoch die Poren offen. Das Holz verschmutzt weniger leicht als die unbehandelte Oberfläche und läßt sich besser reinigen.

Der Firnis wird zur Verarbeitung in einem Wasserbad auf etwa 35 – 40° C erwärmt und mit einem Pinsel „naß in naß" satt in das Holz eingelassen. Nach dem ersten Auftrag erfolgt ein zweiter, bis das Holz nichts mehr aufnimmt. Die überschüssigen Reste werden nach ca.

zehn Minuten mit einem fusselfreien Baumwolltuch abgenommen. *Vorsicht: Leinölfirnis reagiert mit Luftsauerstoff unter Wärmeentwicklung. Damit getränkte und verknäulte Tücher können sich selbst entzünden.* Sie sollten sie im Freien ausgebreitet liegen lassen, bis sie vollständig getrocknet sind. Das behandelte Holz ist nach etwa einem Tag soweit trocken, daß die Tür eingesetzt werden kann.

ÖKOLOGISCHER VERGLEICH VON ANSTRICHSTOFFEN FÜR FENSTER UND TÜREN						
	Energie-verbrauch	Ressourcen-verbrauch	Schadstoffe	Haltbarkeit / Ausbesserungs-fähigkeit	Entsorgung	Gesundheit
„Blauer Engel"-Lacke / Lasuren	mittel	mittel	mittel	mittel	mittel	gut
Wasserlacke / -lasuren (Acryl)	mittel	mittel	mittel - hoch	mittel	mittel - schlecht	gut - mittel
Konventionelle Lacke / Lasuren (Alkydharz)	hoch	hoch	hoch	hoch	sehr schlecht	schlecht
Naturharz-lacke / -lasuren	hoch	gering	gering	mittel - hoch (Lack) / gering (Lasur)	gut	schlecht
Leinölfirnis (nur für Zimmertüren)	gering	gering	gering	gering	gut	gut

besonders empfehlenswert

Kosmetik für die „dritte Haut" –

INNENWÄNDE

KOSMETIK FÜR DIE „DRITTE HAUT" – INNENWÄNDE

Wer die eigenen vier Wände renovieren will, bekommt angesichts des unübersichtlichen Angebots leicht Probleme mit der richtigen Materialwahl. Mit Hilfe unseres ☞ Entscheidungsrasters zum Renovieren von Wänden (S. 78) können Sie ermitteln, welche Möglichkeiten Sie bei welcher Untergrundbeschaffenheit haben und was Sie tun müssen, um zum gewünschten Ergebnis zu kommen. Dabei gibt es diesmal die Besonderheit, daß Sie auch am Anfang des Rasters einen Verweis auf Textstellen finden. Dort wird die richtige Vorbehandlung des Renovierungsuntergrundes erläutert.

Anders als bei Bodenbelägen ist die Art des Wandbelags oder -anstrichs nicht so sehr von der Nutzung des jeweiligen Raumes abhängig. Deshalb brauchen Sie auch nicht zu übertreiben, was die Strapazierfähigkeit betrifft. Ist es denn wirklich notwendig, daß ein Anstrich für ein Kinderzimmer scheuerbeständig ist?

Schließlich setzen die dafür erforderlichen Latexfarben die Dampfdiffusionsfähigkeit herab, fördern dadurch ein ungesundes Raumklima und bringen mitunter sogar schädliche Emissionen mit sich. In diesem Fall ist eine gute waschbeständige Dispersionsfarbe ein vertretbarer Kompromiß zwischen Strapazier- und damit Reinigungsfähigkeit und gesundheitlichen Ansprüchen.

Es gibt wenig Gründe, die im folgenden beschriebenen Renovierungsmaterialien aus ökologischer oder gesundheitlicher Sicht danach zu unterscheiden, in welchem Raum sie verarbeitet werden sollen. Wir verzichten deshalb auf eine entsprechende Darstellung. Hinweise zu besonderen Eignungen finden Sie in den Kapiteln zu den jeweiligen Materialien. Ein wichtige Einschränkung gibt es jedoch: In denjenigen Bereichen von Bädern und Küchen, die **dauernder Durchfeuchtung oder spritzendem Fett** ausgesetzt sind, sollten Sie statt der hier vorgestellen Materialien **Wandfliesen** einsetzen. Nur sie sind solchen Beanspruchungen wirklich gewachsen.

Haben Sie sich schließlich für eine Art der Renovierung entschieden, zeigen wir Ihnen in den entsprechenden Abschnitten, wie Sie vorgehen können. Selbstverständlich stellen wir Ihnen auch hier nur ökologisch verträgliche Methoden vor.

Ein wichtiger Hinweis vorweg: Beachten Sie in jedem Fall die Warn- und Verarbeitungshinweise der Hersteller. Das gilt besonders für die Verträglichkeit von Anstrichstoffen mit dem Untergrund. Sonst kann es Ihnen passieren, daß Ihr Renovierspaß schon bald in Ärger umschlägt.

I. Untergründe

Bevor Sie sich auf eine Methode zur Renovierung festlegen, sollten Sie die Beschaffenheit des Untergrundes prüfen. Von seinem Zustand sind die Möglichkeiten zur Gestaltung und erreichbaren Nutzungsbeanspruchung abhängig. So ist es z. B. nicht ratsam, dem Schimmel an Außenwänden oder -decken, die schon einmal befallen waren, durch Tapeten erneut einen Nährboden zu bieten. Das gilt besonders dann, wenn seine Ursachen nicht oder nicht vollständig beseitigt werden konnten. Vielmehr sollten Sie in diesem Fall einen weitgehend anorganischen Anstrich (z. B. Dispersionssilikatfarben) wählen (☞ Problemuntergründe behandeln, S. 88).

ENTSCHEIDUNGSRASTER ZUM RENOVIEREN VON WÄNDEN

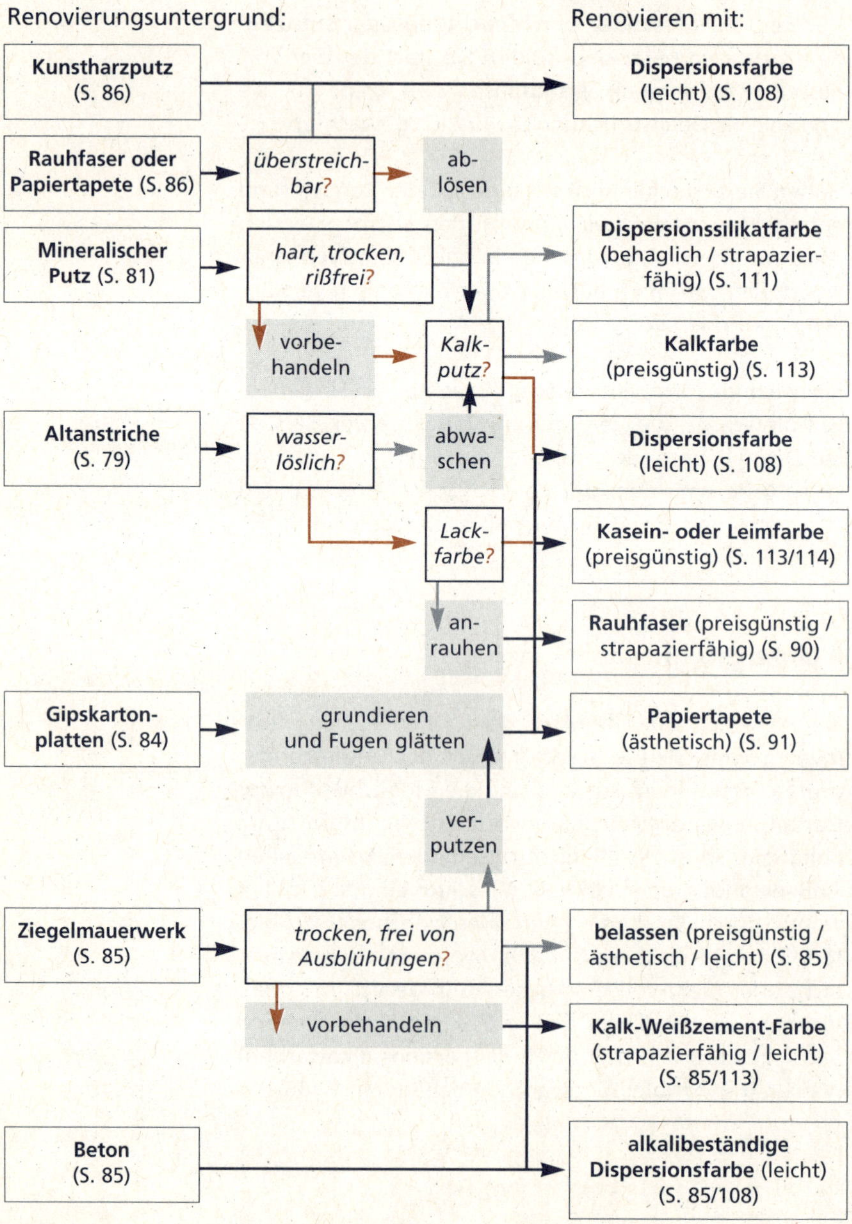

wenn ja, dann →
wenn nein, dann →

Weitere Aspekte:
- Problemuntergründe behandeln (S. 88)
- Richtig grundieren (S. 104)
- Putzmängel beseitigen und Verputzen (S. 82)
- Luftbelastung durch Lösemittel (S. 32)
- Richtig lüften (S. 42)

Altanstriche

Es kommt selten vor, daß man als Renovierungsuntergrund blanken Putz oder Mauerwerk vorfindet. Wo nicht tapeziert ist, wurden die Wände meist gestrichen. Wie Sie vorgehen müssen, ist von der Art des Anstrichs abhängig, mit dem Sie es zu tun haben.

Leimfarbenanstriche

Ob es sich bei einem alten Anstrich um eine Leimfarbe handelt, läßt sich einfach durch eine Benetzungsprobe herausfinden: Schon kleinste Mengen Wasser durchtränken das Material. Es bilden sich dunkle Flecken, die rasch aufquellen und mit dem Finger abreibbar sind. Heute kommen Leimfarben nur noch selten vor. Sie bleiben nämlich auch nach dem Auftrocknen wasserlöslich und lassen sich deshalb – außer mit Leimfarbe – weder überstreichen noch übertapezieren. Vor jeder weiteren Behandlung müssen sie gründlich – und mühsam – mit Wasser und Bürste abgewaschen werden.

Etwaige Reste bilden einen problematischen Untergrund, der mit lösemittelhaltigem Tiefgrund verfestigt werden müßte, was wegen der Luftbelastung möglichst zu vermeiden ist (☞ Luftbelastung durch Lösemittel, S. 32). Lösemittelfreier Tiefgrund (LF) reicht leider nicht, da er die Farbe nur oberflächlich verfestigen kann (☞ Richtig grundieren, S. 104).

Wasserunlösliche Altanstriche

Außer den Leimfarben sind alle Anstriche wasserunlöslich. Wenn die Benetzungsprobe negativ ausfällt, haben Sie es in der Regel mit einer Kunststoffdispersionsfarbe, waschfest oder scheuerbeständig (Latexfarbe), zu tun. Seltener handelt es sich um Naturharzdispersionen oder Dispersionssilikatfarben.

Wenn Sie einen wasserunlöslichen Altanstrich überstreichen oder darauf tapezieren wollen, müssen Sie ihn zunächst auf seine **Tragfähigkeit** testen. Ritzen Sie dazu ein kleinmaschiges Gitternetz in die Fläche. Kleben Sie ein Stück Klebeband darüber und reißen Sie es gleich wieder ab: Bleibt keine oder nur sehr wenig Farbe daran hängen, so ist der Untergrund ausreichend tragfähig. Bei leicht kreidenden Altanstrichen (Kratzprobe mit dem Fingernagel) können Sie im Verhältnis von 1:1 mit Wasser verdünnte Dispersionsfarbe als Grundierung auftragen (☞ Richtig grundieren, S. 104). Blätternde oder rissige Schichten sind als Untergründe ungeeignet. In diesem Fall müssen Sie lose Teile mit einem Spachtel abkratzen und die beschädigte Fläche anschließend mit Füllspachtelmasse wieder glätten (☞ Putzmängel beseitigen und Verputzen, S. 82).

Wenn sich mit dem Altanstrich gleich der Putz ablöst, läßt sich eine Behandlung mit Tiefgrund nicht vermeiden. In diesem Fall kommen Sie jedoch mit lösemittelfreier Grundierung aus (☞ Richtig grundieren, S. 104).

Soll auf tragfähigen, aber zu **stark saugenden Untergründen** tapeziert werden, können Sie trotzdem auf spezielle Grundierungen verzichten. In den meisten Fällen genügt es, mit verdünntem Kleister vorzustreichen (☞ Richtig grundieren, S. 104). Ob ein Untergrund zu stark saugt, können Sie leicht feststellen, indem Sie ihn mit etwas Wasser testen. Es verschwindet in einem solchen Fall praktisch sofort in der Wand und hinterläßt lediglich scheckige Flecken.

Zu **glatte Flächen**, wie z. B. Lackierungen, müssen vor dem Streichen oder Tapezieren durch Schleifen angerauht werden. Schmutz, Fett oder eventuelle Wachsreste müssen Sie durch Abkratzen oder -bürsten (z. B. mit Stahlwolle) bzw. mit Hilfe von Spülmittellösung entfernen. Ist die alte Beschichtung trag- und saugfähig sowie gereinigt, bildet sie einen idealen Untergrund für Farbanstriche oder Tapeten.

Mineralische Untergründe

Mineralische Putze

Für Innenräume mit normaler Beanspruchung und mittlerer bis höherer Luftfeuchtigkeit, wie Küche und Bad, werden meist Gipsputze verwendet. Sie lassen sich von ☞ Kunstharzputzen (S. 86) leicht unterscheiden, weil sie beim Anfeuchten das Wasser rasch aufnehmen und dabei dunkle Flecken bilden. Um auf solchen Putzen tapezieren oder sie überstreichen zu können, müssen sie trocken und rißfrei, hart und normal saugfähig sein. Frische Gipskalkputze sollten Sie mit Indikatorpapier auf angenäßter Fläche auf ihre Alkalität überprüfen. Sollte sich eine starke alkalische Reaktion zeigen (tiefe Blaufärbung), so muß eine Dispersionsfarbe, mit der Sie die Wand streichen wollen, alkalibeständig sein. Das gleiche gilt für eventuelle Abtönfarben (gegebenenfalls beim Händler nachfragen). Das ist sehr wichtig, weil sich das Bindemittel sonst zersetzen kann. Unebenheiten und Löcher müssen Sie mit Spachtelmasse auf Gipsbasis beseitigen. Sie fallen sonst später unangenehm auf. Gegebenenfalls vorbehandelte Gipsputze (☞ Putzmängel beseitigen und Verputzen) sind für alle Anstriche außer Silikatfarben geeignet. Handelt es sich allerdings um einen Kalkmörtel- oder Kalkzementputz, dann ist es ein hervorragender Untergrund für ☞ Dispersionssilikatfarben (S. 111).

Putzmängel beseitigen und Verputzen

Wenn ein **Putz weich** geworden ist und Ausblühungen zeigt, so ist dies ein Zeichen für langanhaltende Durchfeuchtung. Er muß dann trockener Wärme ausgesetzt werden. Ausblühungen sollten Sie danach trocken abbürsten. Waschen Sie sie nicht ab, weil sich die Salze sonst wieder lösen und in den Untergrund abwandern, aus dem sie bei nächster Gelegenheit wiederkommen. Wird der Putz nicht mehr fest, so muß er vollständig erneuert werden.

Wenn ein **Anstrich nicht haftet**, so fehlt möglicherweise der Grundanstrich, oder es hat sich eine Sinterschicht gebildet, die abgekratzt werden muß. Der Anstrich muß dann neu aufgebaut werden (☞ Richtig grundieren, S. 104).

Risse im Putz können bei seiner Verarbeitung entstanden oder bautechnisch bedingt sein. Im ersten Fall reicht es aus, die Risse aufzuweiten und mit Spachtelmasse auf Gipsbasis auszufüllen. Bei **Setzrissen** oder ähnlichem ist es ratsam, ein rißüberbrückendes Gewebeband mit einzuspachteln. Das Gebäude kann dann in gewissen Grenzen „arbeiten“, ohne daß die betreffenden Risse wieder aufbrechen. Zu große Schäden müssen allerdings von einem Fachbetrieb saniert werden.

Achtung: Wenn Sie Kalkmörtel als Untergrund haben und beabsichtigen, mit (Dispersions-)Silikatfarben zu streichen, dürfen Sie nicht mit Gipsspachtel arbeiten, weil die Farbe darauf nicht hält. Sie müssen in diesem Fall auch zum Auffüllen Kalkmörtel verwenden!

Eine ganze Fläche so neu zu verputzen, daß eine glatte und ebene Oberfläche entsteht, ist nicht leicht und erfordert einige Übung mit Kelle und Glätter. Lassen Sie diese Arbeit von einem Fachbetrieb ausführen. Kleinere Flächen oder Löcher und Risse können Sie aber getrost selbst angehen.

Sie brauchen

Werkzeuge:

- je nach Menge: Gipsbecher aus Gummi (ca. DM 3,-) oder Eimer (vorhanden)
- Stoßspachtel (ca. DM 3,-) oder Kelle (ca. DM 8,-) zum Anrühren und Aufnehmen
- je nach Flächengröße: Edelstahl-Glätter oder Japanspachtel (ca. DM 2,- für 4 Stück) zum Glattziehen
- ggf. Pinsel (ca. DM 5,- pro Satz) oder Streichbürste (ca. DM 4,- bis 10,-) zum Nachstreichen

Verbrauchsmaterialien:

- Füllspachtelmasse auf Gipsbasis als Pulver zum Anrühren (ca. DM 3,- bis 5,- für 500 g)
- ggf. Schleifpapier der Stärke P 80 (ca. DM 3,- für 12 Blätter)

So geht's

Setzen Sie nur so viel Masse an, wie Sie in einer halben Stunde verarbeiten können. Sie wird schnell hart.

Füllen Sie zunächst so viel Wasser in Ihr Gefäß, wie Sie für die gesamte Menge an Putz benötigen. Dann geben Sie soviel Pulver hinzu, daß nur noch an wenigen Stellen Wasser zu sehen ist. Lassen Sie es wenige Minuten einsumpfen, bevor Sie es verrühren, dann müßte sich eine sahnige, klümpchenfreie Masse ergeben. Rühren Sie nicht zuviel darin herum, sonst wird sie wieder zu dünnflüssig! Nehmen Sie nun eine Kelle bzw. einen Spachtel der Masse auf, streichen sie auf Ihrem Glättwerkzeug zu einem Klumpen ab und ziehen Sie ihn mit leicht schräg gestelltem Glätter über die betreffende Wandstelle. Säubern Sie den Glätter mit der Kelle von Resten und ziehen Sie die aufgetragene Masse glatt ab, wobei Sie den Glätter noch schräger halten. Sammeln Sie die Reste jeweils auf der Kelle für den nächsten Auftrag. Nie in das Gefäß zwischenlagern, da sonst die übrige Masse sofort erhärtet! Auch vor jedem Neuanrühren von Spachtelmasse müssen Sie Werkzeuge und Gefäße gründlich mit Wasser reinigen! Sollte es Ihnen nicht so glatt geraten, wie Sie es zum Kleben feinerer Tapeten oder für Anstriche auf Putz benötigen, können Sie mit Deckenbürste oder Pinsel und Wasser nachwaschen, wenn die verputzten Stellen leicht angezogen haben. Oder Sie lassen Ihr Werk so trocknen, wie es ist. Anschließend stoßen Sie Grate mit dem Spachtel ab und/oder schleifen die Oberfläche mit Schleifpapier und -klotz glatt. *(Vergessen Sie dabei die Staubmaske nicht!)* Wenn Sie größere Flächen verputzt haben, dann sollten Sie diese grundieren (☞ Richtig grundieren, S. 104).

Gipskartonplatten
Neu verbaute Gipskartonplatten bieten einen idealen Untergrund für alle Renovierungsarbeiten außer für Kalk- und Silikatfarben. Fugen und Schraubenlöcher müssen glatt verspachtelt sein und dürfen sich nicht durchzeichnen. Andernfalls sollten Sie mit Spachtelmasse auf Gipsbasis nacharbeiten bzw. überstehende Spachtelmasse entfernen. Obwohl meist eine Behandlung mit lösemittelhaltigem Grundanstrichstoff empfohlen wird, reicht auch Tiefgrund LF (= lösemittelfrei) oder sogar verdünnte Dispersionsfarbe aus (☞ Richtig grundieren, S. 104).

Beton

Beton kommt als Anstrichgrund in Innenräumen nur gelegentlich als Raumdecke vor. Er ist immer stark alkalisch, was einen Anstrich verkompliziert, zumal eine Neutralisation nicht möglich ist. Die Anstrichmittel müssen nämlich alkalibeständig sein (☞ Mineralische Putze, S. 81). In Frage kommen deshalb nur entsprechende **Dispersionsfarben** oder **Dispersionssilikatfarbe**. Sollten noch Trennmittelrückstände, Sinterschichten (glänzende, harte Stellen) oder Ausblühungen vorhanden sein, überlassen Sie das Streichen – und den damit verbundenen Ärger – am besten Fachleuten!

Ziegelmauerwerk

Die ökologisch sinnvollste Behandlung von Ziegelmauerwerk ist, es zu lassen wie es ist. Sofern es sich nur um eine einzelne Wand handelt, ergibt sich ein sehr ästhetischer Raumeindruck. Außerdem wirken sich seine hervorragenden Diffusionseigenschaften sehr positiv auf das Raumklima aus. Für Kinderzimmer ist es allerdings wegen der Verletzungsgefahr nicht sehr geeignet. Auch kann sich besonders in den Querfugen Staub ansammeln (öfter einmal mit dem Staubsauger absaugen). Falls Sie es streichen wollen, muß das freiliegende Mauerwerk unbedingt trocken und frei von Ausblühungen sein. Andernfalls müssen Sie es trocknen lassen und dann abbürsten. Wenn es in einem sehr schlechten Zustand ist, sollte es sogar mit einem lösemittelhaltigen Grundanstrich behandelt werden (vom Fachbetrieb ausführen lassen und lange lüften!). Das Lösungsmittel sorgt für tieferes Eindringen der Grundierung. Beschichtungen müssen wegen der alkalischen Fugenmasse alkalibeständig sein und sollten die guten Diffusionseigenschaften nicht beeinträchtigen. In Frage kommen **spezielle Dispersionsfarben, Dispersionssilikatfarben** und **Kalk-Weißzement-Farben**. Wollen Sie aber tapezieren, so müssen Sie das Mauerwerk zunächst verputzen (☞ Putzmängel beseitigen und Verputzen, S. 82).

Kunstharzputz

Heute wird als Wandoberfläche häufig Kunstharzputz eingesetzt. Zierputzoberflächen sind oft aus diesem Material, z. B. Reibeputz. Er besteht im wesentlichen aus organischen Bindemitteln, Pigmenten und anorganischen Füllstoffen und kann problemlos mit allen Arten von Dispersionsfarben überstrichen werden. Im Gegensatz zu ☞ mineralischen Putzen (S. 81) nehmen Kunstharzputze schlechter Wasser auf. Bei diesen Putzen besteht grundsätzlich die Möglichkeit, daß Schadstoffe in die Raumluft gelangen. Zudem ist stark strukturierter Zierputz ein Staubfänger. Er wirkt im Laufe der Zeit schmutzig und läßt sich wegen der rauhen Oberfläche selbst mit dem Staubsauger nur schwer reinigen. Wenn Sie trotzdem eine solche Wandgestaltung wollen, sollten Sie mineralischen Gipsputz statt des Kunstharzputzes verwenden (z. B. Münchner Reibeputz). Er wird als Pulver verkauft, das lediglich mit Wasser angesetzt werden muß, spart also gegenüber dem gebrauchsfertigen Kunstharzputz den Plastikeimer und ist zudem noch leichter zu transportieren. Von der Verarbeitung und den Gebrauchseigenschaften her gibt es kaum Unterschiede. Nur auf arbeitenden Untergründen hat Kunstharzputz Vorteile, weil er flexibler bleibt.

Alte Tapeten

Rauhfaser

Wenn die typische Rauhfaserstruktur nicht durch zu viele Renovierungsanstriche zugeschlämmt ist und die Tapete noch fest auf dem Untergrund sitzt, kann sie einfach mit **Dispersionsfarbe** überstrichen werden. Aufgeplatzte Nähte lassen sich mit Farbe wieder ankleben: Mit einem Pinsel unter die Naht streichen, kurz anweichen lassen und andrücken; vorsichtig überstreichen bzw. rollen. Soll neu tapeziert werden, muß die Rauhfasertapete restlos entfernt werden.

Papier- und andere Tapeten
Testen Sie an einer Bahn, ob es sich um eine spaltbare oder restlos trocken abziehbare Tapete handelt. Meist ist das allerdings nicht der Fall. Bei einer spaltbaren kann die untere auf der Wand verbleibende Schicht als Makulatur für die neue Tapete verwendet werden. Eine trocken abziehbare Tapete läßt sich restlos von der Wand entfernen. Alle anderen Tapeten müssen abgekratzt werden. Dazu sollten Sie sich einen Tapetenkratzer o. ä. anschaffen, mit dem Sie die Tapete aufritzen, so daß Einweichwasser besser eindringen kann. Die handelsüblichen Tapetenablösehilfen, die man dem Wasser zusetzen soll, enthalten unnötige Chemikalien, die die Abwässer belasten. Außerdem reizen sie Haut und Schleimhäute. Setzen Sie statt dessen dem möglichst heißen Wasser einen guten Schuß Spülmittel zu (ohne geht es wirklich viel schwerer!) und reiben Sie die Mischung mit einer Deckenbürste in die Wand ein.

Wenn Sie die Fläche anschließend verputzen wollen, sollten Sie besonders sorgfältig alle Papierfetzen entfernen. Die Reste quellen sonst und bilden Blasen. Die alte Tapete gehört übrigens nicht ins Altpapier, sondern in den normalen Hausmüll.

Tip

Viele Tapetenarten, z. B. Glasfaser-, Struktur-, Präge-, PVC- (Vinyl)- oder auch Textiltapeten können mit ☞ Dispersionsfarben (S. 108) überstrichen werden.

Problemuntergründe behandeln

- Schimmel

Kosten:

– ca. DM 14,- für Silikondichtmasse auf Wasserbasis

– ca. DM 8,- bis 14,- für Atemschutzmaske mit Partikelfilter

Schimmelbefall in der Wohnung sollten Sie nicht auf die leichte Schulter nehmen. Die Sporen sind häufig der Grund für Allergien oder andere ernste Atemwegserkrankungen. Sie sollten das Problem in dieser Reihenfolge angehen: 1. Ursache erforschen, 2. Ursache möglichst abstellen, 3. Schimmel entfernen, 4. die Wand auf normale Weise weiter behandeln. Schimmel kann überall dort entstehen, wo Wasserdampf an kalten Stellen der Wand kondensiert. Das kann eine Ursache in bautechnischen Mängeln haben, die vom Verantwortlichen (Vermieter bzw. Bauträger) behoben werden müssen. Meistens jedoch ist der Schimmelbefall auf falsches Lüften und Beheizen zurückzuführen (☞ Richtig lüften, S. 42). Sind die Fensterflächen – z. B. durch Isolierverglasung – nicht mehr die kälteste Stelle des Raumes, werden häufig die oberen Ecken eines Raumes oder der Fenstersturz befallen. Auch die Wandflächen hinter großen Möbelstücken kühlen aus, wenn zu wenig Platz zur Ventilation gelassen wurde (etwas abrücken). Gehen Sie beim Entfernen des Schimmels unbedingt vorsichtig zu Werke. *Wollen Sie größere Kolonien selbst entfernen, tragen Sie auf jeden Fall einen Atemschutz mit Partikelfilter!* Handelsübliche Pilzvernichter („Anti-Schimmel-Spray") enthalten Chemikalien, die auch für den Menschen schädlich sind. Sie sollten deshalb nicht angewendet werden. Oft genügen zur Bekämpfung alkoholische Reiniger oder eine fünfprozentige Sodalösung. Wenn das nicht helfen sollte, holen Sie sich professionelle Hilfe. Streichen Sie jedoch nie mit fungizidhaltigen Anstrichmitteln Ihre Wohnung. Die Gifte wandern noch lange in die Raumluft ab. Wenn die Ursache des Befalls nicht oder nicht vollständig beseitigt werden konnte, sollten Sie nicht erneut tapezieren, sondern z.B. auf einem Kalkputz mit Dispersionssilikatfarbe streichen.

Hat der Schimmel auch Silikondichtungen befallen, hilft nur das Herausschneiden mit einem Cuttermesser und das Erneuern der Dichtungen.

- Wasser-, Rost-, Rußflecken

Kosten:

– ca. DM 52,- für 2,5 l entspr. 4 bis 6,5 m²
für Absperrmittel (Isolierfarbe)

Lose Partikel können Sie trocken abbürsten. Für die weitere Bearbeitung müssen diese Flecken leider mit lösemittelhaltigen Absperrmitteln vorbehandelt werden, wenn sie völlig unsichtbar werden sollen (☞ Luftbelastung durch Lösemittel, S. 32). Gegen Sottflecken an Schornsteinen ist noch kein Kraut gewachsen. Sie müssen vor dem Tapezieren mit Alufolie beklebt werden.

- Nikotin

Kosten:

– ca. DM 100,- bis 200,- für 10 l entspr. 50 bis 60 m²
(einfacher Anstrich)

Wenn Sie eine Wohnung renovieren, in der stark geraucht wurde, kann es passieren, daß überall Nikotin gelb durchschlägt. Es gibt dagegen mittlerweile aromatenarme, lösemittelverdünnbare Nikotinfarbe, mit deren Hilfe man das verhindern kann. Sie ist aber wegen ihrer Inhaltsstoffe bedenklich. Die wasserverdünnbare und aus diesem Grund gesundheitsverträglichere Alternative wirkt erst nach dem zweiten bzw. dritten Anstrich. Beide Varianten sind sehr teuer.

II. Tapezieren

„Wände müssen atmen". Verwenden Sie deshalb keine PVC- oder Metalltapeten, welche die Wasserdampfdiffusionsfähigkeit behindern – auch nicht für Küche und Bad. Außerdem sind sie unter ökologischen Gesichtspunkten nicht empfehlenswert, da sie bei der Produktion einen höheren Material- und/oder Energieverbrauch haben und größere Abfallprobleme verursachen als ihre Schwestern aus Papier. Ihre größere Lebensdauer spielt keine wesentliche Rolle, weil Tapeten eher aus modischen Gründen erneuert werden als wegen Abnutzung. Eine Ausnahme stellen Rauhfaser- und Glasfasertapeten dar, die mehrfach und gegebenenfalls in verschiedenen Farben überstrichen werden (☞ Ökologischer Vergleich von Wandbelägen, S. 95).

... mit Rauhfaser
(preisgünstig)

Kosten:
- ca. DM 6,50 bis 14,- pro Rolle (0,53 x 33,5 m); entspr. ca. DM 0,40 bis 0,80 pro m^2 für Tapete zzgl. der Kosten für Farbe

Rauhfasertapeten bestehen in der Regel aus zwei Papierschichten mit dazwischenliegenden Holzfasern, die je nach Art von verschiedener Größe und Form sein können. Die grobkörnige Variante läßt sich häufiger überstreichen, ohne daß die Struktur zugeschlämmt wird. Sie eignet sich deswegen vor allem für das Tapezieren von Decken. Außer im direkten Spritzwasserbereich von Küche und Bad, wo Wandfliesen geeigneter sind, kann Rauhfaser in der gesamten Wohnung verwendet werden. Das Rollenmaß beträgt – abweichend von anderen Tapetenarten – 0,53 x 33,5 m (☞ Materialberechnung, S. 96). Rollen, die mit dem „Blauen Umweltengel" gekennzeichnet sind, bestehen zu mindestens 80% aus Altpapier. Dadurch sind sie etwas dunkler als andere. Um so wichtiger ist deshalb eine qualitativ hochwertige Dispersionsfarbe, die entsprechend gut deckt.

Da Rauhfaser schwerer ist als einfache Papiertapete, soll sie „offiziell" mit Spezialkleister geklebt werden, dem Kunstharz-Redispersionspulver und oft auch pilzbekämpfende Mittel zugesetzt sind. Darauf können Sie jedoch getrost verzichten, wenn Sie normalen Tapetenkleister aus unbedenklicher Methylzellulose nehmen und in einem wasserärmeren Mischungsverhältnis ansetzen (1:50 bis 1:20). Für die Verklebung von Rauhfaser an Decken sollte der Kleister noch ein wenig fester sein (☞ Untertapeten und Kleber für Tapeten, S. 105).

... mit Papiertapeten
(ästhetisch)

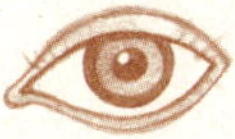

Kosten:
- ca. DM 3,- bis 13,- pro Rolle (Euronorm 0,53 x 10,05 m); entspr. ca. DM 0,60 bis ca. 2,35 pro m^2 (je nach Ausführung und Qualität)

Bedruckte Papiertapeten gibt es in sehr verschiedenen Qualitäten. Entscheidend hierfür sind vor allem das verwendete Papier und das Papiergewicht. Mittelschwere Tapeten haben ein Papiergewicht von ca. 120 bis 140 Gramm pro Quadratmeter (g/m^2). Leichte wiegen weniger und schwere bis ca. 180 g/m^2.

Papiertapeten bestehen aus ein- oder zweischichtigen holzfreien oder holzschliffhaltigen Papieren. Die Vorderseite ist im Leim-, Flexo- oder Kupfertiefdruck, bei hochwertigen Tapeten auch im Siebdruck bedruckt. Immer häufiger wird auch hier Recyclingpapier mitverwendet, erkennbar am „Blauen Umweltengel". Halten Sie beim Kauf danach Ausschau!

Sehr leichte sowie sehr schwere Tapeten sind schwieriger zu verkleben als mittelschwere. Erstere reißen leicht ein, für letztere muß unter Umständen eine Makulatur geklebt werden, damit der Untergrund genügend Glätte und Haftung bietet und sich die Nähte nicht öffnen (☞ Untertapeten und Kleber für Tapeten, S. 105).

Die Qualitätsmerkmale einer Tapete erkennt man auch an genormten Symbolen auf dem Beipackzettel. Sie geben Auskunft über Waschbeständigkeit (wasserbeständig zum Zeitpunkt der Verarbeitung bis hoch scheuerbeständig), Lichtbeständigkeit (ausreichend bis ausgezeichnet), Ansatz des Musters (ansatzfrei, gerader Ansatz, versetzter Ansatz, gestürztes Kleben), Verarbeitung, späteres Entfernen und verschiedene andere Besonderheiten. Bedruckte Papiertapeten sind in der Regel waschbeständig bis hoch waschbeständig und verfügen über eine ausreichende bis gute Lichtbeständigkeit.

Papiertapeten gibt es auch mit geprägter Oberfläche, so daß Sie nicht aus optischen Gründen auf geschäumte Vinyl- oder Acryl-Strukturtapeten angewiesen sind. Deren Herstellung ist aufwendig und umweltbelastend, das Dampfdiffusionsverhalten ungünstig. Selbst die beliebten Reliefstukturen von Glasfasertapeten gibt es bereits als Papierausführung. Besonders standfest bei der Verarbeitung ist dupliertes Papier, bei dem zwei Schichten aufeinander geklebt sind. Hier ist die Prägung besonders widerstandsfähig. Geprägte Papiertapeten sind übrigens meistens preisgünstiger als solche mit Kunststoffoberfläche.

Berechnen Sie vorher, wieviele Rollen Sie benötigen (☞ Tapeten verkleben, S. 96) und achten Sie beim Kauf unbedingt darauf, daß alle dieselbe Seriennummer haben. Nur so können Sie Farbabweichungen vermeiden. Am umweltverträglichsten sind Tapeten mit dem „Umweltengel". Sie enthalten mindestens 60 % Altpapier. Zum Verkleben reicht normaler Kleister (☞ Untertapeten und Kleber für Tapeten, S. 105).

... mit Glasfasertapeten

(strapazierfähig / ästhetisch)

Kosten:
- ca. DM 36,- bis 70,- pro Rolle (1 x 25 m);
  entspr. DM 1,45 bis 2,80 pro m^2 zzgl. der Kosten
  für Kleber und Farbe

Hierbei handelt es sich um Glasfasergewebe auf einem Papierträger. Eine Glasfasertapete wird – wie Rauhfaser – nach dem Trocknen noch mit der gewünschten Wandfarbe überstrichen.

Das robuste Material wird zwar immer beliebter, es ist für normale Wohnbedingungen aber überqualifiziert und ziemlich teuer. Außerdem wird das Gewebe in Dispersionskleber eingebettet, der Kunstharze sowie Fungizide und andere Zusatzstoffe enthält, die in die Raumluft ausgasen können (☞ Untertapeten und Kleber für Tapeten, S. 105). Dazu kommt, daß – wegen ihres hohen Gewichts – die Tapete mit Kunstharzkleber fixiert werden muß. Beim Kleben und späteren Entfernen der Tapete gelangen viele feine Glasfasern in die Luft. Sie können

Hautreizungen und Juckreiz auslösen. Im Gebrauch ist eine solche Tapete diesbezüglich unproblematisch, weil die Farbschicht Fasern bindet. Allerdings sind Glasfasertapeten aufgrund ihrer stark strukturierten Oberfläche Staubfänger.

Der Schmelzprozeß für Glasfasern benötigt viel Energie. Schon aus ökologischen Gründen sollten Sie deshalb auf Glasfasertapeten verzichten und gegebenenfalls auf duplierte Papier-Prägetapete mit einer entsprechenden Reliefstruktur zurückgreifen.

... mit Textil- und Naturfasertapeten
(ästhetisch)

Kosten:
– ca. DM 25,- bis 32,- pro Rolle (0,53 x 10,05 m); entspr. DM 4,70 bis 6,- pro m^2 zzgl. der Kosten für Kleber

Ähnlich wie bei den Glasfasertapeten handelt es sich hierbei um Gewebe, die auf einen Papierträger aufkaschiert (= aufgeklebt) sind. Auch hier kann der Kleber, mit dem das Gewebe fixiert wurde, Stoffe in die Raumluft freisetzen (☞ Untertapeten und Kleber für Tapeten, S. 105).

Der Wandbelag ist nicht so extrem widerstandsfähig wie Glasfasertapete und wird üblicherweise auch nicht überstrichen (was aber möglich ist). Von seiner Qualifizierung taugt er für den gesamten Wohnbereich, ist jedoch ebenfalls ein Staubfänger. Eine Verbesserung des Raumklimas wird durch solche Tapeten nicht erreicht, eher können Partikel von Naturfasern Allergikern zu schaffen machen oder eventuelle schädliche Imprägnierungen die Raumluft belasten.

ÖKOLOGISCHER VERGLEICH VON WANDBELÄGEN							
	Energieverbrauch	**Ressourcenverbrauch**	**Schadstoffe**	**Haltbarkeit / Reparierbarkeit**	**Entsorgung**	**Gesundheit**	**Preis**
Rauhfaser mit „Blauem Engel"	gering	gering	gering	sehr hoch (durch Überstreichen)	gut	gut	gering
Papiertapeten* mit „Blauem Engel"	gering	gering - mittel	gering	gering	gut	gut	gering - hoch
Vinyltapeten	mittel	mittel	hoch	mittel	schlecht	mittel	hoch
Glasfasertapeten	hoch	mittel	hoch	sehr hoch	mittel	mittel	hoch
Textiltapeten / Naturfasertapeten	mittel	mittel	mittel	mittel	gut - mittel	mittel	mittel - hoch
Metalltapeten	hoch	hoch	hoch	sehr hoch	mittel	schlecht	hoch

besonders empfehlenswert
nicht empfehlenswert

*bedruckt / ggf. geprägt

Tapeten verkleben

Sie brauchen →

Werkzeuge:
- Tapeziertisch o. ä. (0,80 m x 3,00 m) (ca. DM 30,- bis 50,-)
- scharfe Schere (ca. DM 5,- bis 20,-)
- Cuttermesser (ca. DM 3,- für 3 Stück)
- Tapezierbürste (DM 3,50 bis 11,-) oder Moosgummiwalze (DM 7,50 bis 10,-)
- konischer Nahtroller zum Andrücken der Nähte (nicht bei geprägten Tapeten!); (DM 2,20 bis 4,20)
- Lot (DM 5,- bis 40,-; ggf. selbst basteln)
- Bleistift (vorhanden)
- Zollstock (vorhanden)
- Schwamm (vorhanden)
- sichere Leiter (ab ca. DM 30,-)
- Eimer (vorhanden)
- Heizkörperpinsel zum Rühren (DM 2,80 bis 8,20, je nach Breite)
- Deckenbürste zum Auftragen des Kleisters (DM 3,90 bis 10,50)
- ggf. langes Stahllineal (Tapezierschiene) zum Zurechtschneiden schmalerer Bahnen (ca. DM 5,-)

Verbrauchsmaterialien:
- Tapetenrollen (je nach Ausführung / s. o.)
- Methylcellulose-Kleisterpulver (ca. DM 0,05 bis 0,20 pro m^2 je nach Tapetenart)

So geht's →

• Materialberechnung

Wie viele Rollen **Papiertapete** (Euronorm: 0,53 x 10,05 m) Sie einkaufen müssen, können Sie nach folgender Methode überschlagen:

Raumumfang x Raumhöhe ÷ 5
= Anzahl der Tapetenrollen

Ziehen Sie dabei Fenster- und Türöffnungen normalen Ausmaßes nicht ab. Möglicher Verschnitt, der sich bei großmustrigen Tapeten ergibt, ist in dieser Faustformel einkalkuliert. Am besten erkundigen Sie sich, ob Ihr Geschäft ungeöffnete Rollen zurücknimmt. Dann können Sie besser eine oder zwei Rollen mehr kaufen und haben kein Problem, dieselben Seriennummern zu erhalten.

Bei **Rauhfaser** (Standardmaß: 0,53 x 33,5 m) müssen Sie genauer rechnen. Ermitteln Sie zuerst *großzügig* die Fläche, die beklebt werden soll (Raumhöhe mal Raumumfang). Die sich ergebende Quadratmeterzahl teilen Sie durch 17,76 (das entspricht der Fläche einer Rolle Rauhfaser). Das Ergebnis entspricht der Anzahl Rollen, die Sie einkaufen müssen.

- Kontrolle der Rollen

Kontrollieren Sie beim Kauf, ob die Fertigungsnummern der Tapetenrollen übereinstimmen. Rollen aus unterschiedlichen Fertigungen sollten so verklebt werden, daß eventuelle Farbabweichungen nicht auffallen können (z. B. auf verschiedenen Wänden).

Auf dem **Beipackzettel** finden Sie u. a. Hinweise zur Verarbeitung. Sie bedeuten:

Ansatzfrei:	Muster braucht beim Kleben nicht beachtet zu werden.
Gerader Ansatz:	Gleiche Muster in gleicher Höhe nebeneinander setzen.
Versetzter Ansatz:	Das Muster jeder zweiten Bahn um die Hälfte des angegebenen Rapports (Musterlänge) verschieben.
Gestürzt kleben:	Jede zweite Bahn gestürzt (auf den Kopf gedreht) kleben, um Sprünge in der Färbung zu vermeiden.

• Zuschneiden

Bevor Sie mit dem Tapezieren beginnen, sollten Sie den Untergrund prüfen. Falls er stark saugend ist, streichen Sie einmal mit stark verdünntem Kleister vor und lassen ihn trocknen! Nehmen Sie die Blenden von Schaltern und Steckdosen ab *(Sicherungen ausschalten!)*. Verschließen Sie alle Löcher, die Sie nicht mehr benötigen, mit Spachtelmasse. Bei musterlosen oder ansatzfreien Tapeten reicht es aus, beim Zuschnitt zu der ausgemessenen Raumhöhe ca. 10 cm Sicherheitsverschnitt hinzuzurechnen. Bei Mustertapeten geben Sie bei der zweiten Bahn die Höhe des Rapports, also die Musterlänge, hinzu. Die dritte Bahn stimmt dann wieder mit der ersten überein, die vierte mit der zweiten und so weiter. Auch beim Zuschnitt der kleineren Stücke über Fenster und Türen ist das Muster zu beachten. Oft reichen dafür die Reststücke aus, die sich beim Zuschneiden der Bahnen ergeben.

Mit Ausnahme von Rauhfaser legt man beim Zuschnitt die Tapeten mit der Sichtseite nach oben, um eventuell vorhandene Schäden sofort feststellen zu können. Umtauschen können Sie eine angebrochene Rolle nur, wenn Sie den Schaden zusammen mit den aufgestempelten Angaben des Endstücks vorweisen können.

Markieren Sie bei einem Muster, das Verwechslungen zuläßt, vor dem Einkleistern mit Bleistift auf der Rückseite, wo oben ist.

Beim Zuschnitt der Tapeten sparen Sie Zeit, wenn Sie die Bahnen nicht mit der Schere schneiden, sondern entlang einer Metallschiene (Tapezierschiene) abreißen.

Tip

- Einkleistern

Um Kleisterflecken zu vermeiden, sollten Sie den Tapeziertisch so sauber wie möglich halten. Das geht am besten, wenn Sie die zugeschnittenen Bahnen mit der Sichtseite nach unten entlang der oberen Tischkante ablegen und vor dem Einkleistern jede Bahn einzeln zur unteren Tischkante vorziehen. Sind Sie Rechtshänder, fangen Sie rechts an. Dann können Sie die Bahn mit der linken Hand im Trockenen festhalten, wenn Sie den Kleister mit der Bürste auf einem Teilstück in Längsrichtung auftragen und von innen nach außen „tannenbaumförmig" verteilen. Linkshänder verfahren entsprechend umgekehrt. Streichen Sie immer nur auswärts über die Kanten, da sich sonst Kleister unter die Bahn auf die Sichtseite schiebt. Mit einem Blick gegen das Licht können Sie leicht erkennen, ob Sie Stellen vergessen haben. Ist die Bahn vollständig, gleichmäßig und satt eingekleistert, wird sie zusammengelegt. Dabei hat es sich als vorteilhaft erwiesen, oben zwei Drittel, unten ein Drittel einzuklappen. Dann wissen Sie beim Auseinanderfalten auf der Leiter gleich, wo oben ist und haben die längere Fläche zum Anlegen frei. Achten Sie besonders darauf, die Kanten bündig übereinanderzulegen, so daß die Bahn gerade liegt. Die Schlaufen dürfen nicht geknickt werden.

Die Einweichdauer ist auf der Verpackung angegeben und hängt von der Qualität der Tapeten ab. Alle Bahnen sollten möglichst gleich lange einweichen. Zu kurzes Einweichen fördert Blasenbildung, zu langes kann Musterabweichungen sowie Spannungen beim Trocknen hervorrufen, was zum Aufplatzen der Nähte führt. Auch reißen zu weiche Papiertapeten beim Auseinanderfalten leicht ein. Rauhfasertapete ist wesentlich unkomplizierter in der Handhabung. Knicke und Falten werden unsichtbar, sogar Risse verschwinden beim Überstreichen, wenn die Kanten wieder vorsichtig aneinandergelegt werden.

• Kleben

Bringen Sie auf jeder Wand mit Hilfe eines Lots (das können Sie leicht selber basteln, indem Sie z. B. einen Bleistift an eine Schnur binden) ungefähr in Tapetenbreite von der Zimmerecke entfernt eine senkrechte Markierung an, entlang derer Sie die erste Bahn ausrichten. Die Tapete muß überall mindestens bis in die Kante hineinreichen. Überstehendes lassen Sie um die Kante herumlappen und schneiden es dann ab. Tapezierrichtung ist immer mit dem Lichteinfall, Sie beginnen also in einer Ecke an der Fensterseite. Bei Decken kleben Sie die Bahnen möglichst entlang der Einfallrichtung des Lichts.

Legen Sie Ihr Werkzeug in erreichbare Nähe, nehmen sich die am längsten geweichte Bahn mit auf die Leiter und legen sie sich so über einen Arm, daß Sie die zu zwei Dritteln eingeklappte Seite aufziehen können. Lassen Sie die Bahn nun gerade herunterhängen, mit der Kleisterseite zur Wand. Das obere Ende ca. 5 cm oberhalb der Wand überlappen lassen und die Bahn locker entlang der Markierung bzw. einer anderen Bahn anlegen. Sollte es nicht auf Anhieb gelingen, dann zerren und ziehen Sie nicht, sondern lösen Sie die Bahn noch einmal ganz und starten Sie neu. Sonst haben Sie gleich bei der ersten Bahn Bögen in der Senkrechten, die sich beim weiteren Tapezieren fortsetzen und nur mit Mühe zu bewältigen sind.

Arbeiten Sie aus demselben Grund beim Andrücken immer senkrecht von innen nach außen, und drücken Sie dabei Kleisternester und Luftblasen heraus. Dazu können Sie entweder eine Gummiwalze oder eine Tapezierbürste benutzen. Bei empfindlichen Tapeten, wie solchen mit Prägung, empfiehlt sich eine Bürste, noch sicherer ist ein Flanelltuch.

Sitzt die Bahn richtig und fest, oben und unten mit der Scherenspitze die Kanten nachziehen, abziehen, abschneiden und wieder ankleben. Oberhalb der Fußleisten ist bei geraden Wänden die Verwendung einer dreikantigen Abschneideschiene hilfreich, entlang derer die Bahn mit Hilfe eines Cuttermessers abgeschnitten wird.

Die nächste Bahn wird, gegebenenfalls unter Beachtung des Musters, immer an der Naht der vorangegangenen angelegt (auf Stoß).

Wenn Sie so in der nächsten Ecke angelangt sind, dann kleben Sie keine ganze Bahn um Innenecken herum, sondern schneiden Sie sie vorher – im eingekleisterten Zustand – mit 1 bis 2 cm Zugabe zurecht, und tapezieren Sie in die Ecke hinein. Bei der nächsten Wand gehen Sie wieder wie oben beschrieben vor.

Um Außenecken, wie z. B. Fensterlaibungen, können Sie herumtapezieren oder, fachmännisch, zwei Zentimeter um die Ecke kleben und einen angepaßten Streifen überlappend in die Laibung hineinkleben. An solchen komplizierten Stellen werden oft mehrere Schnitte nötig. Sie müssen alle nacheinander ausgeführt werden, indem die Tapete jeweils wieder soweit gelöst wird, daß sie bequem geschnitten werden kann. Abschließend wieder fest andrücken.

Steckdosen und Schalter bedecken Sie mit der Tapete, schneiden sie kreuzweise ein und entfernen Sie später die Ecken. *Schalten Sie dazu die Sicherungen aus!*

Tip

Markieren Sie Dübellöcher, die Sie weiter benutzen möchten, mit Stecknadeln.

Drücken Sie die Nähte mit einem glatten, konisch zulaufenden Nahtroller an (aber nicht bei Tapeten, bei denen eine Prägung durch Druck zerstört werden kann!). Wischen Sie etwaige Kleisterflecken mit einem feuchten Schwamm ab. Eventuell sichtbare Überlappungen werden mittels Doppelschnitt entfernt: Dazu führen Sie mit einem sehr scharfen Cuttermesser entlang einer Metallschiene einen tiefen Schnitt aus. Klappen Sie beide Tapeten hoch und entfernen Sie die darunterliegenden Schnittstücke. Wenn Sie die Tapeten nun wieder zurückklappen, dann passen sie genau aneinander.

- Tapezieren von Decken

Wegen der stärkeren Belastung an Decken muß der Kleister eine höhere Klebkraft haben. Setzen Sie ihn nach Herstellerangabe für schwere Tapeten mit entsprechend weniger Wasser an. Da hier meistens Rauhfaser geklebt wird, müssen Sie nicht unbedingt einen Schnurschlag (entspricht dem Lot in der Senkrechten) ziehen. Kleben Sie die erste Bahn nur möglichst gerade so an der Kante entlang, daß zur Wand nirgendwo eine Stelle frei bleibt. Wenn sich dabei zu große Überstände auf der Wandseite ergeben, reißen Sie sie entlang einer Metallschiene ab.

Am einfachsten geht das Tapezieren von Decken zu zweit – allein ist es sehr schwierig. Sie kleben am besten beide gleichzeitig von der Mitte aus. Dazu brauchen Sie eine genügend lange Bohle, die Sie auf zwei Leitern sicher auflegen können. Beide Personen plazieren sich unter der Mitte der Fläche, die beklebt werden soll. Sie falten die Tapete auseinander und suchen die Mitte der Bahn, indem Sie bis zu einer Wand damit Maß nehmen. Seien Sie schon beim Zurechtschneiden der Bahnen etwas großzügiger mit der Verschnittzugabe, dann ist es einfacher. Zurück in der Startposition: Beide legen die Tapete mit einer Seite ein Stück weit dort an, wo sie hin soll. Jeder braucht dazu beide Hände frei, der Rest der Bahn hängt einfach herunter. Nun halten beide wieder eine Hand auf den Startpunkt und wischen mit einer bogenförmigen Bewegung zur freihängenden Seite die Tapete in ihrer Breite auf die Fläche. Beide arbeiten sich nun zu „ihren" jeweiligen Wänden hin vor, indem sie stets ein Stück weit mit beiden Händen genau anlegen und dann nachwischen. Sie werden sehen, es kann richtig Spaß machen, die Tücken der Schwerkraft zu überwinden – und aus den Haaren läßt sich Kleister einfach wieder herauswaschen.

Nun geht es weiter wie an der Wand: Drücken Sie mit der Rolle die Bahn an, und gehen Sie die Nähte mit dem Nahtroller nach. In den Kanten von Decke zu Wand werden Rauhfasertapeten entlang der Metallschiene abgerissen.

- Trocknen

Am besten trocknen Tapeten bei einer Raumtemperatur von ca. 18° C. Die Heizkörper sollten nach Möglichkeit abgestellt sein. Starke Luftbewegungen, wie Durchzug und gar ein Warmluftgebläse, sind zu vermeiden. Durch unterschiedliche Trocknungszonen oder eine zu schnelle Oberflächentrocknung können sonst nämlich Spannungen im Wandbelag entstehen, die zum Aufplatzen der Nähte führen. Größere Kleistereinschlüsse können Sie mit einer Spritze heraussaugen, oder, falls nicht zur Hand, mit einer Nähnadel anstechen, den Kleister herausdrücken und abtupfen.

- Entsorgung

Tapetenverschnitt kommt, auch wenn es sich um Papiertapeten handelt, nicht etwa ins Altpapier, sondern, wie auch übriggebliebener Methylzellulose-Kleister, in den Hausmüll. Letzterer am besten in einem alten Gefäß, das Sie sowieso wegwerfen wollten, oder einer dichten Plastiktüte.

Richtig grundieren

• Grundieren von Putz

Kosten: je nach Qualität der Farbe

(☞ Anstreichen mit ..., S. 108)

Eine reichlich mit Wasser verdünnte weiße Dispersionsfarbe dient dem Zweck, die zu hohe Saugfähigkeit des trockenen Putzes herabzusetzen. Andernfalls wird das Bindemittel des nachfolgenden Anstrichs in den Untergrund gezogen und er beginnt zu kreiden, das heißt, die nur noch ungenügend gebundenen Farbpigmente können von der Wand abgewischt werden. Lassen Sie jede Beschichtung gut trocknen.

• Grundieren von stark saugenden Untergründen zum Tapezieren

Kosten: ca. DM 0,05 pro m^2

Wenn beim Tapezieren der Kleister von der Wand aufgesaugt wird, hält keine Tapete. Dagegen hilft, die gesamte Wand einmal mit verdünntem Kleister einzustreichen und trocknen zu lassen.

• Grundieren mit lösemittelfreiem Tiefgrund

Kosten: ca. DM 0,85 bis 1,40 pro m^2

Dieser dünnflüssige Grundanstrichstoff auf Kunststoffdispersionsbasis dringt in saugende mineralische Untergründe ein und verfestigt sie. Lösemittelfreier Tiefgrund (LF) kann noch weiter mit Wasser verdünnt werden. Der Auftrag geschieht am besten mit einer Dekkenbürste, deren Borstenspitzen das Material in den Untergrund einreiben. Beim Trocknen darf sich keine glänzende Schicht bilden, da weder Farbe noch Tapeten darauf haften. Probieren Sie es erst an einer Stelle aus. Gegebenenfalls müssen Sie dem Tiefgrund noch mehr Wasser beimischen.

Großflächige Tiefgrundierungen können sich negativ auf das Raumklima auswirken. Sie setzen die Fähigkeit herab, die Luftfeuchtigkeit im Raum zu regulieren und können flüchtige organische Verbindungen, Konservierungsstoffe und Restmonomere von Kunstharzbindemitteln freisetzen.

- Vorstrich für Dispersionssilikatfarben

Kosten: ca. DM 1,- pro m^2

Wenn Sie Dispersionssilikatfarben für innen verarbeiten wollen (nur auf kalkhaltigen Untergründen möglich), müssen Sie auf frischem Putz oder problematischen – also etwa stark saugenden – Untergründen einen Grundanstrichstoff auf Wasserglasbasis verwenden. Das ist eine farblose, ebenfalls wasserverdünnbare und stark alkalisch reagierende Flüssigkeit *(Vorsicht: ätzend!)*. Sie reagiert chemisch mit dem Kalk aus dem Untergrund und bildet eine Schicht aus wasserunlöslichem Calciumsilikat (zur Verarbeitung ☞ Anstreichen mit Dispersionssilikatfarben, S. 111).

Untertapeten und Kleber für Tapeten

- Rollenmakulatur aus Papier

Kosten: ca. DM 6,80 pro Rolle (0,5 x 33 m)

Dabei handelt es sich um dünnes Tapetenrohpapier. Sie ist erforderlich zum Vorkleben bei allen transparenten Tapeten, wie beispielsweise Gras- oder Seidentapeten. Unter schweren, auf Stoß geklebten Tapeten verhindert Makulaturpapier ein Aufplatzen der Nähte. Die Festigkeit der Verklebung soll immer gleich oder höher sein als bei der nachfolgenden Tapete. Sie kann also mit normalem Kleister bei einem wasserärmeren Mischungsverhältnis erfolgen (☞ Tapezieren mit Rauhfaser, S. 90).

• Untertapeten

Kosten: ca. DM 9,- bis DM 30,- pro Rolle (0,5 x 10 m)

Untertapeten zur Wärme- und Schalldämmung werden hauptsächlich aus Polystyrolhartschaum und Latexschaum angeboten. Sie eignen sich aber nicht als Maßnahme zur Wärmedämmung, um Schimmelbildung zu vermeiden. Dazu bedarf es einer fachgerechten Dämmung von außen. Außerdem besteht bei Außenwänden die Gefahr, daß Feuchtigkeit unmittelbar hinter der Untertapete kondensiert. Dort entsteht Schimmel und auf Dauer wird die Wand durchfeuchtet. Deshalb sollte man innen allenfalls in Heizkörpernischen Wärmedämmung betreiben. In diesem Fall sind jedoch dickere Platten aus Polystyrol oder Kork mit einer reflektierenden Oberfläche (alukaschiert) wesentlich effektiver als die dünnen Untertapeten.

• Einfacher Kleister aus Methylzellulose

Kosten: ca. DM 0,05 bis 0,20 pro m²

je nach Gewicht der Tapete

Grundsätzlich werden Tapeten mit Klebern befestigt, die auf das Gewicht und die Saugfähigkeit der jeweiligen Tapeten bzw. des Untergrundes abgestimmt sind. Wirklich frei von sämtlichen problematischen Stoffen ist jedoch nur der einfache Kleister aus Methylzellulose. Normale Tapeten aus Papier werden auf jeden Fall damit verklebt. Jeder andere Kleber wäre für diesen Zweck überqualifiziert.

• Kunstharzverstärkter Spezialkleister

Kosten: ca. DM 0,30 bis 0,35 pro m²

Zum Verkleben schwerer Papiertapeten, Rauhfaser oder auch Vinyltapeten soll nach offiziellen Empfehlungen ein solcher Kleister verwendet werden. Durch seinen Kunstharzanteil ist er gegenüber einfachem Kleister ökologisch im Nachteil. Außerdem besteht die Möglichkeit, daß Bestandteile – wie z. B. Weichmacher – ausdünsten und das Dampfdiffusionsverhalten der Wände negativ beeinflußt wird. Man kann bei Rauhfaser und Papiertapeten darauf verzichten und statt dessen den einfachen Kleister verwenden. Voraussetzung dafür ist ein geeigneter, also gegebenenfalls vorbehandelter Untergrund (☞ Untergründe, S. 77, ☞ Richtig grundieren, S. 104). Außerdem muß der Kleister in diesen Fällen mit weniger Wasser angesetzt werden. Das gilt insbesondere für Rauhfaser an Decken (Anweisungen auf der Verpackung beachten).

- Dispersionskleber

Kosten: ca. DM 9,- für 750 g entspr. 3,5 m^2

Spezialtapeten mit Gewebekaschierung, wie Glasfaser-, Textil- oder Grastapeten, aber auch Kork- und Untertapeten zur Wärmedämmung und Metalltapeten müssen ihres Gewichtes bzw. ihrer mangelnden Saugfähigkeit wegen mit Dispersionskleber fixiert werden. Der Naturfarbenhandel bietet zwar solche Kleber auf der Basis natürlicher, nachwachsender Rohstoffe an, in einigen dieser Produkte können allerdings allergieerzeugende Stoffe enthalten sein. Dafür besteht bei den Kunstharzprodukten das Risiko, daß Weichmacher oder Schimmelverhinderungmittel in die Raumluft gelangen. Lösemittel werden in geringen Mengen von allen diesen Produkten freigesetzt (☞ Luftbelastung durch Lösemittel, S. 32). Außerdem wird die Dampfdiffusionsfähigkeit der Wände beeinträchtigt, soweit das nicht sowieso schon durch die Tapete der Fall ist. Wenn Sie sich umwelt- und gesundheitsbewußt verhalten wollen, sollten Sie auf diese Art von Wandbelägen verzichten.

Verschiedentlich wird geraten, sich Kleister unter Verwendung von Mehl selbst herzustellen. Abgesehen davon, daß es keinen ausreichenden Grund dafür gibt, können Sie sich in diesem Fall darauf einstellen, Ihre Tapete bei der nächsten Grundrenovierung in quadratmillimetergroßen Stückchen von der Wand zu kratzen.

III. Anstreichen

... mit Dispersionsfarben

Die heute gängigen Dispersionsfarben enthalten ein Bindemittel, das entweder aus Kunst- oder aus Naturharzen besteht. Sie sind in Wasser dispergiert, das heißt feinst verteilt. Das hauptsächliche Lösungs- und Verdünnungsmittel dieser Farben ist also Wasser. Nur eine sehr geringe Menge organischer Lösemittel wird zum Lösen der an sich festen Harze benötigt. Wer Wert auf eine weitestgehend unbeeinträchtigte Innenraumluft legt, sollte sich nach lösemittelfreien oder noch besser emissionsfreien Farben umsehen.

Verwendbar sind Dispersionen auf Putz, Mauerwerk, Beton, Gipskartonplatten, Holz, Pappe, Tapeten und Textilien. Durch ihre Beständigkeit, gute Haftung und Dampfdiffusionsfähigkeit haben sie die früher häufig verwendeten Leim-, Kalk- und Kaseinfarben fast verdrängt.

Alle Dispersionsfarben können übrigens mit Volltonfarben abgetönt werden.

Versuchen Sie, beim Kauf Eimer im Pfandsystem oder Farben im Nachfüllbeutel zu finden. Sie vermeiden damit eine Menge Verpackungsabfall.

Tip

Kunststoff-Dispersionen

(leicht zu verwirklichen)

Kosten: ca. DM 0,45 bis 1,40 pro m^2

Synthetisch hergestellte Kunststoff-Dispersionen gibt es in einer unübersichtlichen, für den Laien nur schwer zu überblickenden Vielzahl. Gemeinsam ist ihnen eine aufwendige chemische Produktion sowie eine geringe Ausdünstung von Schadstoffen. Sie können als gesundheitlich unbedenklich angesehen werden, wenn nach der Verarbeitung mehrere Tage gut durchgelüftet wird.

Die Deckkraft dieser Farben hängt von ihrem Pigmentanteil ab. Titandioxid sorgt hier für ein strahlendes Weiß. Bei seiner Herstellung entsteht Dünnsäure, die früher ins Meer verklappt wurde und heute als Sondermüll zu entsorgen ist. Die Hersteller der Farben geben es meist an, wenn ihr Titandioxid aus einer Produktion stammt, in der Dünnsäure umweltschonend im Kreislauf geführt wird.

Mit dem Preis einer Farbe steigt in der Regel auch ihr Anteil an Pigmenten und damit ihre Deckkraft. Kaufen Sie nicht unbedingt die billigste Farbe, möglicherweise brauchen Sie sonst nicht nur die doppelte Menge, sondern haben auch noch die doppelte Arbeit. Die Herstellerangabe über den Verbrauch pro Quadratmeter gibt Ihnen einen Anhaltspunkt. Auf jeden Fall sollten Sie im Innenbereich ausschließlich Dispersionen für innen verwenden. Sie sind im trockenen Zustand waschfest. Dispersionen für außen sind im Innenbereich überqualifiziert und deshalb ökologisch und gesundheitlich fragwürdig (☞ Latexfarben, S. 111).

Feste Farben

(leicht zu verwirklichen)

Kosten: ca. DM 0,65 bis 1,20 pro m^2

Von ihrer Zusammensetzung sind feste Farben Kunststoff-Dispersionen. Sie bilden jedoch eine wasserarme pastöse Masse, die bei der Verarbeitung durch Rollen weniger spritzt. Dadurch ist der Aufwand zum Schutz des Fußbodens oder der Kleidung geringer. Die Ergiebigkeit ist sehr hoch, was den – ebenfalls hohen – Preis relativiert. Da die Farbe so in kleineren Gebinden angeboten werden kann, werden Müll und Transportenergie eingespart. Durch ihre zähflüssige Einstellung sind die Farben aber nur schwer abtönbar, und die Auswahl an fertigen Tönen ist gering.

Naturharzdispersionen

(leicht zu verwirklichen)

Kosten: ca. DM 1,10 bis 1,80 pro m^2

Das Bindemittel von Naturharzdispersionen besteht aus natürlichen, nachwachsenden Rohstoffen. In den Qualitätsmerkmalen stehen sie Kunststoff-Dispersionen in nichts nach. Auch hier gibt es Unterschiede in Preis und Deckkraft. Allerdings enthalten sie meist einen etwas höheren Anteil an organischen Lösemitteln. Einige Naturfarbenhersteller verwenden dafür stark riechende Citrusterpene, die ein allergisches Potential bergen. Falls Sie eine solche Farbe kaufen wollen, riechen Sie zunächst daran und fragen Sie sich, ob Sie mit dem Geruch über längere Zeit leben können. Verzichtet wird vollständig auf schädliche Zusatzstoffe wie Weichmacher. Als Konservierungsstoff dient meist Borax, das nicht ausdünstet. Naturharzdispersionen sind in Biobauläden zu beziehen und im Durchschnitt etwa doppelt so teuer wie gute Kunstharz-Dispersionen. Am oberen Ende der Preisskala sind lösemittelfreie Naturharzdispersionen angesiedelt.

Latexfarben

(strapazierfähig)

Kosten: ca. DM 1,- pro m²

Was unter diesem Namen in Baumärkten firmiert, unterliegt keiner Norm bezüglich der Zusammensetzung oder der Eigenschaft des Trockenfilms. Es handelt sich vielmehr um Kunststoff-Dispersionsfarben, die meistens durch Verwendung eines Bindemittel-Mischpolymerisates aus Butadien und Styrol einen scheuerbeständigen und elastischen Anstrichfilm ergeben. Dieser kann seidenglänzend, aber auch matt auftrocknen. Die korrekte Bezeichnung solcher Anstrichstoffe wäre: **Kunstharz-Dispersionsfarbe**, scheuerbeständig.

Bedenklich sind vor allem die zugesetzten Weichmacher, die noch länger in die Raumluft abgegeben werden können, sowie die verminderte Dampfdiffusionsfähigkeit der Wände. Der Preis liegt etwa doppelt so hoch wie bei guten Dispersionen.

...mit Dispersionssilikatfarben

(strapazierfähig / behaglich)

Kosten: ca. DM 1,30 bis 1,60 pro m²

Dispersionssilikatfarben besitzen gegenüber den anderen Dispersionsfarben eine Reihe von Vorteilen. So sind sie außerordentlich diffusionsfähig und damit besonders gut in der Lage, die Raumluftfeuchte zu regulieren. Außerdem bieten sie durch ihren rein anorganischen

Aufbau Pilzen keinen Nährboden. Sie wirken aufgrund ihrer alkalischen Eigenschaften sogar pilz- und keimtötend, ohne dabei problematische Stoffe in die Raumluft abzugeben. Allerdings kommt nur ein Kalkputz, Beton oder Kalksandstein als Untergrund in Frage. Deshalb können Dispersionssilikatfarben auch nicht auf Tapeten verstrichen werden.

Bindemittel ist hier das mineralische Kaliwasserglas, dem bis zu 5 % Dispersionsbindemittel aus Kunstharzen zugesetzt sind. So sind sie leichter zu verarbeiten als reine Silikatfarben, die hauptsächlich für den Außenanstrich schützenswerter Bausubstanz verwendet werden. Bei der Trocknung der Farbe verbindet sich das Kaliwasserglas chemisch mit dem Kalk des Untergrundes und erhärtet zu einem widerstandsfähigen, aber hochdiffusionsfähigen matten Film.

Mit der Deckenbürste auf den Putz aufgetragen, ergibt sich eine schöne Struktur, und Sie sind vor den stark alkalischen Spritzern sicherer. *Auf jeden Fall müssen Sie bei der Verarbeitung Haut und Augen mit Handschuhen, Fettcreme und Schutzbrille schützen sowie alle Keramik- und Glasflächen abdecken (Fenster- und Türscheiben abkleben!).*

Eine Abtönung ist nur mit geeigneten Pasten möglich. Dunklere Töne müssen vom Hersteller angemischt geliefert werden. Dispersionssilikatfarben sind mit normalen Dispersionen überstreichbar, aber nicht umgekehrt. Solche Altanstriche müßten erst abgebeizt werden. Verdünnt wird die Farbe mit speziellem Wasserglas-Grundanstrichstoff. Je nach Beschaffenheit des Untergrundes benötigen Sie etwa 0,23 bis 0,35 Liter Farbe pro Quadratmeter.

...mit Kalk-, Kasein- und Leimfarben

(preisgünstig)

Diese althergebrachten Anstrichmittel können nach verschiedenen Rezepturen preisgünstig selbst angemischt oder im Naturfarbenhandel als Fertigpulver zum Anrühren gekauft werden. Rezepte finden Sie u. a. in der „Infothek" Ihrer Verbraucher-Zentrale (Ordner: Heimwerken). Die Farben sind schadstofffrei und bestehen aus nachwachsenden und/oder Rohstoffen, die nicht knapp sind. Sie erfüllen also alle ökologischen Anforderungen optimal. Leider ist ihre Anwendung mit praktischen Nachteilen verbunden.

Kalkfarben lassen sich wie Dispersionssilikatfarben nur auf einen Untergrund aus Kalkmörtel streichen. Sie sind nahezu waschfest, decken aber sehr schlecht. Zum Abtönen eignen sich nur kalkbeständige Pigmente. Volltonfarben können nur in geringen Mengen zugegeben werden, so daß lediglich Pastelltöne erreicht werden.

Kosten: ca. DM 0,25 pro m^2

Wer außerdem jegliche Konservierungsstoffe vermeiden will, kann auf Kaltwasserfarben zurückgreifen. Das sind fertige Gemische von Bindemittel (Celluloseleim) mit Pigment- / Füllstoff-Mischungen. Die trockene Masse müssen Sie gemäß der Verpackungsanweisungen selbst mit Wasser mischen.

Leimfarben verfügen dagegen über ein gutes Deckvermögen auch auf Tapeten. Sie lassen sich sogar mit Volltonfarben abtönen, bleiben jedoch wasserlöslich und können mit keiner anderen als mit Leimfarbe wieder überstrichen werden (☞ Leimfarbenanstriche, S. 79).

Achten Sie darauf, daß pflanzliche (Cellulose oder Stärke) und nicht etwa tierische Leime (Gelatine) verwendet wurden. Letztere können nämlich selbst noch in verstrichenem Zustand verderben.

Kosten: ca. DM 1,25 pro m^2

Kaseinfarben dürfen nach dem Streichen auf keinen Fall mehr feucht werden. Sie eignen sich also nicht für Feuchträume.

Kosten: ca. DM 1,- bis 2,- pro m^2
(Kalk-Kaseinfarbe: ca. DM 0,50 bis 1,20 pro m^2)

Wände streichen

Sie brauchen → **Werkzeuge:**
- Heizkörperpinsel (DM 2,80 bis 8,20, je nach Breite)
- kleine Rolle (Mäuschen) (ca. DM 4,50)
- Malerrolle (ca. DM 10,- bis 25,-)
- Abstreifgitter (ca. DM 5,- mit Malerrolle)
- Stehleiter (ab ca. DM 30,-)
- Teleskopstab (DM 9,80 bis 36,50) oder
  Besenstiel (ca. DM 3,50)

Verbrauchsmaterialien:
- Abdeckfolie (ca. DM 15,- für 50 m^2) oder
  Malerkrepp (ca. DM 10,- für Rolle 0,85 x 20 m) oder
  Zeitungspapier (vorhanden)
- ggf. Pappe bei Parkettboden (ca. DM 40,- für 20 m^2)
- Krepp-Abklebeband (ca. DM 4,- bis 9,- für 50 m)
- Füllstoff (ca. DM 3,- bis 5,- für 500 g)
- Wandfarbe (je nach Qualität / siehe unter
  ☞ Anstreichen mit ..., S. 108)

So geht's

Zunächst sollten Sie wie immer eine **Materialberechnung** anstellen. **Raumumfang mal -höhe** ergibt die zu streichende Fläche. Ziehen Sie auch hier sicherheitshalber keine normal großen Fenster und Türen ab.

Räumen Sie zu Beginn alle Wände frei. Entfernen Sie auch die Abdeckungen von Schaltern und Steckdosen *(Sicherungen ausschalten!)*. Am besten stellen Sie die Möbel in die Mitte des Raumes und legen eine Folie darüber. Den Boden müssen Sie natürlich auch abdekken. Um Holzfußböden vor Beschädigungen zu schützen, eignet sich Pappe besonders gut. Bei fester Farbe reicht es auch, einen ca. einen Meter breiten Streifen des Boden entlang der Wand mit Zeitungspapier abzukleben. Mit dem Klebeband decken Sie Fußleisten, Tür- und Fensterrahmen gerade ab. Um ein professionelles Ergebnis zu erzielen, können Sie beim Abkleben ca. einen Millimeter freilassen und den Spalt mit Füllstoff ausschmieren. Nach dem Streichen und Entfernen des Klebebandes haben Sie so einen exakten optischen Abschluß. Ihre Untergründe haben Sie überprüft und vorbereitet (☞ Untergründe, S. 77).

Wenn Sie die Farbe abtönen wollen, sollten Sie darauf achten, daß Sie definierte Mengen mischen. Dann haben Sie es später leichter, den Farbton wieder genau zu treffen. Probieren Sie die Farbe zunächst an einer Stelle aus, die sonst von einem Möbel verdeckt ist, und trocknen Sie sie mit einem Haartrockner, sonst stimmt der Farbton nicht.

Dann geht es los: Zuerst wird immer die Decke gestrichen: Mit dem Heizkörperpinsel und dem Mäuschen streichen sie die Ecken und Wandbegrenzungen vor. „Beschneiden" nennt das der Fachmann. Mit der großen Rolle wird die Fläche dann zugerollt. Nehmen Sie reichlich Farbe auf und verteilen sie etwas am Abstreifgitter.

Die wichtigste Regel beim Streichen ist ein satter Farbauftrag. Den erkennen Sie schon am Geräusch der Rolle auf der Fläche. Wenn sie zu leergerollt ist, holt sie die Farbe wieder von der Wand herunter.

Die zweite Regel lautet: Abschnittsweise im Kreuzgang arbeiten, also zwei bis drei Rollenbreiten von ca. einem Meter Länge senkrecht auftragen und dann waagerecht verteilen. So vermeiden Sie auch Fehlstellen, sogenannte „Feiertage". Wenn Sie dann noch wieder senkrecht verschlichten, bekommen Sie ein gleichmäßiges Bild – allerdings müssen Sie immer auf genügend Farbe achten.

Wenn Sie Platz genug zum Arbeiten haben, erleichtert ein Teleskopstab auch an den Wänden die Arbeit. Beim Anstrich der Decke ist er so gut wie unverzichtbar.

Es gibt eigentlich keine Stelle, an die man mittels Heizkörperpinsel oder Mäuschen nicht herankommt. Hinter Rippenheizkörpern können Sie streichen, indem Sie das Mäuschen mit Farbe senkrecht hineinschieben, waagerecht drehen und abrollen. Frische Farbe am Heizkörper sollten Sie gleich mit Schwamm und Wasser abwischen.

Im Handel gibt es darüber hinaus eine Menge Hilfsmittel, auf die Sie durchaus verzichten können, wenn Sie mit Ihrer Grundausstattung, ein wenig Geschick und Zeit an die Arbeit gehen.

Wenn Sie die Arbeit unterbrechen, sollten Sie Malerrollen und Pinsel in luftdicht schließenden Plastiktüten aufbewahren, damit sie nicht austrocknen. Nach Beendigung der Arbeit rollen bzw. streichen Sie sie gut aus. Reinigen Sie die Werkzeuge danach sorgfältig mit Wasser. Übriggebliebene Farbe sollten Sie eintrocknen lassen und dann in den normalen Hausmüll geben.

Kontrollieren Sie aber vorher, ob nach dem Trocknen der Farbauftrag überall gleichmäßig und befriedigend ausgefallen ist.

Tip

Bei abgetönten Farben empfiehlt es sich, für spätere Reparaturanstriche einen Teil in gut schließenden Schraubgläsern aufzubewahren (wegen des besseren Luftabschlusses auf den Kopf stellen!).

IV. Heizkörper lackieren

Irgendwann kommt unabwendbar der Tag, an dem die Heizkörper renoviert werden müssen. Vielleicht ist der alte Lack stellenweise abgestoßen oder abgeplatzt, vielleicht hat er aber auch nur im Laufe der Jahre eine gelbliche oder schmutzig-graue Farbe angenommen, die sich nicht mehr durch Säubern beseitigen läßt. Welchen Grund auch immer Sie für einen Neuanstrich haben mögen – wenn er von Dauer sein soll, ist die richtige Durchführung sehr wichtig.

Der unter Umwelt- aber auch Gesundheitsaspekten wichtigste Punkt ist die Auswahl des neuen Lacks. Auf jeden Fall muß es ein **spezieller Heizkörperlack** sein, der Temperaturen bis mindestens 90° C aushält. Andere Anstriche würden sehr schnell spröde und rissig, auch würden durch die Zersetzungsprozesse Schadstoffe und unangenehme Gerüche freigesetzt. Die klassischen Heizkörperlacke sind lösemittelverdünnbare Alkydharzlacke. Sie sind als Kunst- oder Naturharzlacke erhältlich. Da letztere aus nachwachsenden Rohstoffen hergestellt werden, haben sie einen Umweltvorteil gegenüber den synthetischen Produkten. Ihnen ist jedoch der Nachteil gemeinsam, daß der frisch gestrichene Heizkörper recht lange und intensiv ausdünstet. Dabei handelt es sich um gesundheitsschädliche Lösemittelreste (☞ Luftbelastung durch Lösemittel, S. 32).

Bei den Kunstharzprodukten kommen unter Umständen weitere problematische Stoffe hinzu, wie Kunststoffmonomere und Weichmacher. Wer diese – auch geruchlich sehr unangenehmen – Dämpfe reduzieren will, der sollte zu wasserverdünnbaren **Acryllacken** greifen. Sie stehen den lösemittelhaltigen Produkten in nichts nach. Besonders umwelt- und gesundheitsverträglich sind dabei Heizkörperlacke, die mit dem „Umweltengel" ausgezeichnet wurden. Bei ihnen sind neben den Lösemitteln weitere schädliche Inhaltsstoffe begrenzt. Wer nur einen Auffrischungsanstrich plant, der fährt mit wasserverdünnbaren Lacken ohnehin immer dann besser, wenn er nicht weiß, womit der Heizkörper ursprünglich gestrichen wurde. Acryllacke können nämlich grundsätzlich auf allen anderen Untergründen verstrichen werden, während Alkydharzlacke nur auf ihresgleichen gut haften.

Der bequemeren Aufbringung wegen werden Heizkörperlacke oft in Spraydosen angeboten. Ihrer Gesundheit, der Umwelt und Ihrem Geldbeutel zuliebe sollten Sie darauf allerdings verzichten. Beim Sprühen geht zuviel daneben – und gelangt in die Atemluft!

Sie brauchen ➤ **Werkzeuge:**
- Drahtbürste
- Heißluftpistole

Verbrauchsmaterialien:
- Heizkörperlack auf Acrylatbasis
- Staubfiltermaske
- Rostschutzgrundierung
- Schleifpapier

Kosten:
- ca. DM 18,50 für 750 ml Acryllack entspr. 8 m^2
  zzgl. DM 16,30 für 750 ml Rostprimer

So geht's

• Rost entfernen

Bevor Sie mit dem Streichen anfangen, müssen Sie die Oberfläche sorgfältig vorbereiten. Lose Teile des alten Lacks, eventuelle Blasen und Risse müssen Sie bis auf den Grund entfernen. Wo das Metall zutage tritt, muß es mit einer Drahtbürste und Schleifpapier sorgfältig von jeglichem Rost befreit und mit Rostschutzgrundierung vorbehandelt werden.

• Altanstrich entfernen

Wenn Sie einen Heizkörper mit schwer zugänglichen Rippen haben, bei dem auch noch die alten Lackschichten durch mehrfaches Überstreichen sehr dick sind, sollten Sie spätestens an dieser Stelle den Versuch aufgeben, dem Problem in Eigeninitiative Herr zu werden. In diesem Fall wäre es nämlich notwendig, die Altanstriche komplett zu entfernen. Dazu muß der Heizkörper ausgebaut und professionell entschichtet werden. Ein Fachbetrieb erledigt das schnell und effektiv durch Sandstrahlen oder ein Abbeizerbad, während der Heimwerker sich stunden- oder vielleicht sogar tagelang mit der Arbeit an unzugänglichen Stellen herumschlägt. Es versteht sich von selbst, daß vor dem Ausbau das Wasser aus der Heizanlage abgelassen werden muß. Der Zeitpunkt dieser Arbeit muß deshalb außerhalb der Heizperiode liegen.

Wenn die Oberfläche des Heizkörpers an allen Stellen gut zugänglich ist, dann können Sie die alte Farbe zwar selbst entfernen, ein Ausbauen des Heizkörpers bleibt Ihnen aber trotzdem nicht erspart. Die einzige praktikable und dazu einigermaßen umwelt- und gesundheitsverträgliche Form der Lackentfernung ist in diesem Fall das Arbeiten mit einer Heißluftpistole. Das jedoch sollten Sie auf keinen Fall in geschlossenen Räumen tun, weil dabei eine Vielzahl an Schadstoffen, eventuell sogar Blei, aus dem alten Lack freigesetzt wird.

Das Arbeiten mit chemischen Abbeizern sollten Sie im Interesse Ihrer Gesundheit unterlassen. Die allermeisten enthalten giftige, zumindest aber sehr problematische Stoffe.

Heizkörperlack ist zwar hitzebeständig, die maximal 650° C, die eine Heißluftpistole erreichen kann, hält er dennoch nicht aus – Ihre Hände oder andere Körperteile übrigens auch nicht! Arbeiten Sie deshalb immer von sich – und anderen Personen – weg. Halten Sie die Heißluftpistole in einem solchen Abstand schräg auf den Lack, daß er beginnt, Blasen zu werfen. Sie können ihn dann leicht mit einem Spachtel abschieben. Achten Sie dabei darauf, daß der Lack sich nicht zersetzt, wobei er eine bräunliche Farbe bekommt. Dann nämlich werden deutlich mehr Schadstoffe freigesetzt. Kleinere Reste können Sie im Anschluß mit Schleifpapier entfernen. Alte Lackreste sind übrigens Sonderabfall.

• Altanstrich anschleifen

Falls Ihnen ein Auffrischen des Anstrichs genügt, können Sie sich das Ausbauen des Heizkörpers sparen und sogleich mit dem Anschleifen beginnen. Das machen Sie am besten von Hand mit Schleifpapier. Eine Maschine lohnt sich dafür nicht. Wegen möglicher giftiger Inhaltsstoffe (Blei oder andere Schwermetalle) sollten Sie dabei eine Staubmaske tragen.

• Anstreichen

Eine Haftgrundierung als Vorstrich ist nur notwendig, wenn Sie die alte Farbe vollständig entfernt haben. Diese – wie auch den Endanstrich – bringen Sie mit einem Flachpinsel (mit Kunststoffborsten) auf. Schwer zugängliche Stellen werden mit passenden Heizkörperpinseln gestrichen. Falls Sie den Heizkörper ausgebaut haben, sollten Sie mit dem Wiedereinbau warten, bis der Lack griffest geworden ist. Die Pinsel streichen Sie am besten gut aus und reinigen sie möglichst umgehend gründlich mit Wasser.

- Nacharbeiten

Selbst wenn der Anstrich Wochen oder Monate zurückliegt – beim ersten Einschalten der Heizung kommt es für geraume Zeit zu unangenehmen (und gesundheitsschädlichen) Ausdünstungen. Um diese möglichst schnell loszuwerden, sollten Sie den Heizkörper möglichst stark aufheizen und den Raum in kurzen Abständen gut durchlüften.

„Bodenstoffe für Fortgeschrittene" –

FUSSBÖDEN

„BODENSTOFFE FÜR FORTGESCHRITTENE" – FUSSBÖDEN

Zur Behaglichkeit eines Raumes, einer Wohnung oder sogar des gesamten Hauses tragen Fußböden in ganz besonderer Weise bei. Sie sprechen nämlich nicht nur die optische Wahrnehmung an, sondern zugleich auch den Tastsinn und das Temperaturempfinden der Füße.

Um für eine bestimmte Nutzung geeignet zu sein, müssen sie gleich mehrere Kriterien erfüllen. Den Boden von Räumen, die man besonders gemütlich gestalten oder in denen man gar barfuß umhergehen will, wie Wohn- oder Schlafzimmer, möchte man auf jeden Fall fußwarm haben. Wer eine Fußbodenheizung hat, muß darauf achten, daß nicht alle Fußböden dafür geeignet sind. Die Böden von Kinder- und Arbeitszimmern sollen außerdem strapazierfähig und leicht zu reinigen sein. Beides gilt ganz besonders für Werkräume, bei denen man dafür auf die Fußwärme verzichten kann. Die Böden von Feuchträumen, also Bädern, WCs, Duschen, aber auch Küchen, sollen Pfützen aushalten. Beläge für draußen, z. B. für Veranden, Terrassen oder Außentreppen müssen zusätzlich frostsicher sein. Unser ☞ Entscheidungsraster zur Auswahl von Fußböden (S. 126) faßt zusammen, welche Materialien für welche Zwecke am besten geeignet sind. Selbstverständlich haben wir die Auswahl dabei so getroffen, daß grundsätzlich nur umweltverträgliche Materialien zum Einsatz kommen. Wie umweltverträglich, daß können Sie dem ☞ Ökologischen Vergleich glatter Bodenbeläge (S. 190) entnehmen. Lediglich bei den textilen Bodenbelägen ist das wegen ihrer großen Vielfalt nicht ganz so einfach (☞ Textile Bodenbeläge auswählen, S. 204).

Gefiele Ihnen Ihr alter Boden eigentlich noch, wenn er nur nicht so unansehnlich geworden wäre? Hat der Teppichboden ein Brandloch oder einen Fleck, der sich nicht mehr entfernen läßt? Dann können wir Ihnen vielleicht auch bei der Überarbeitung oder Reparatur helfen. In dieser Beziehung läßt sich oft mehr machen, als man zunächst glaubt. Der Umwelt ist damit am besten gedient. Denn allein der Teppichboden, der jährlich in der Bundesrepublik Deutschland verbraucht wird, bedeckt eine Fläche, die als vier Meter breite Bahn einmal die Erde umschlingen würde. Wichtige Faktoren für einen umweltschonenden Bodenbelag sind deshalb auch seine Langlebigkeit und Strapazierfähigkeit. Darum sollten Sie bei einem Neukauf auf keinen Fall vorschnell einem scheinbar preisgünstigen Boden den Vorzug geben, der sich im nachhinein wegen seiner geringeren Lebensdauer als teuer herausstellt. Ein typisches Beispiel dafür sind die beliebten Laminatböden (☞ Holzfußböden auswählen, S. 171). Auch billige Teppichböden können sich am Ende als Flop herausstellen.

Damit der Fußboden lange hält, ist natürlich auch die Pflege wichtig. Wie Sie das richtig machen, erklären wir Ihnen jeweils in den Kapiteln zu den einzelnen Bodenbelagsmaterialien.

Denjenigen, die weitergehende Informationen brauchen, empfehlen wir den Ratgeber „Fußböden – vom Naturstein bis zum Kunststoff" der Verbraucher-Zentralen (s. S. 226).

ENTSCHEIDUNGSRASTER ZUR AUSWAHL VON FUSSBÖDEN

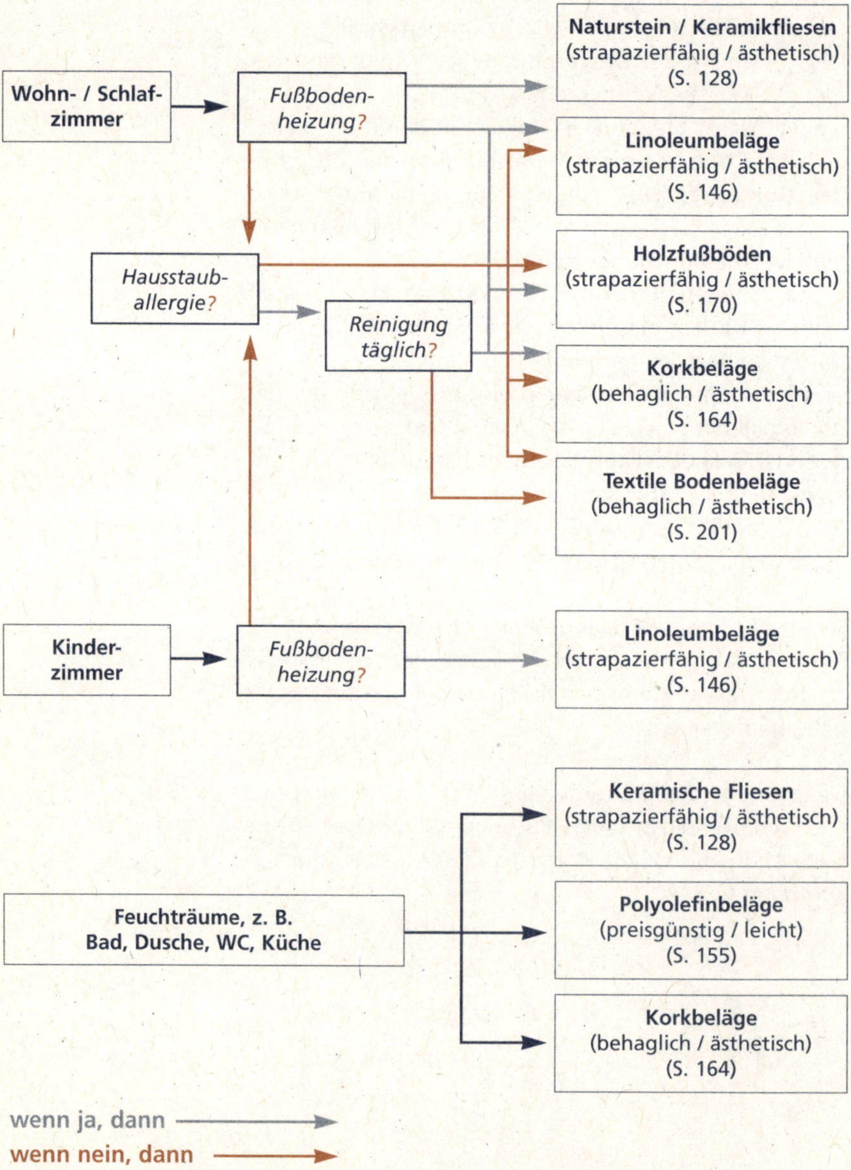

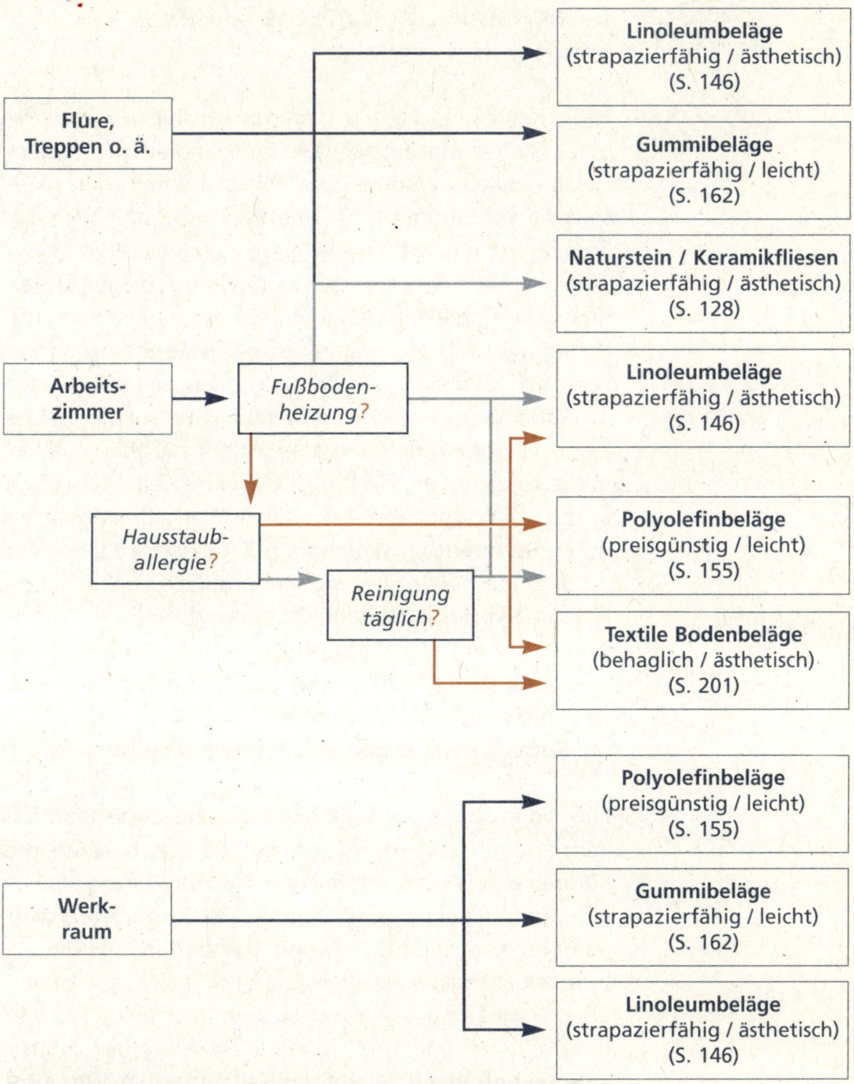

Weitere Aspekte:
- Der richtige Untergrund (S. 134)
- Alte Beläge aufnehmen (S. 151)
- Verlegeplan anfertigen (S. 160)
- Oberflächenbehandlung von Holzfußböden (S. 187)

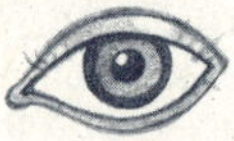

I. Naturstein / Keramische Fliesen

(strapazierfähig / ästhetisch)

Natursteine und Fliesen sind das richtige für alle, die einen sehr strapazierfähigen und langlebigen Bodenbelag wollen. Wegen ihrer Wasserunempfindlichkeit sind sie prädestiniert für alle Feuchträume. Auch für verschmutzungsgefährdete Bereiche, wie Flure oder Treppen, sind sie wegen ihrer bekanntermaßen guten Reinigungsfähigkeit geeignet. Wer auf eine sehr leichte Reinigung Wert legt, kann auf **glasierte Steinzeugfliesen oder Klinkerplatten** zurückgreifen, die beide auch im Außenbereich verwendbar sind. Unter ökologischen Gesichtspunkten sind unglasierte Steinzeugfliesen allerdings vorzuziehen, da die Glasur durch einen zweiten Brand, die sogenannte Sinterung bei Klinkerplatten durch Brennen bei sehr hohen Temperaturen erreicht wird. Beide haben deshalb einen entsprechend hohen Energieverbrauch bei der Produktion. Polierte Natursteine können leicht verkratzen. Ihr ursprüngliches Aussehen läßt sich dann nur mit größerem (finanziellem) Aufwand wiederherstellen. Außerdem erhöht sich die Rutschgefahr, je glatter die Oberfläche ist.

Für Wohn- oder gar Schlafzimmer sind diese Materialien grundsätzlich nur dann gut geeignet, wenn die Räume eine Fußbodenheizung haben. Dann sind sie allerdings die erste Wahl, weil sie einen optimalen Wärmeübergang garantieren und damit den Energieverbrauch der Heizung senken. Der optische Eindruck kann aber – abhängig von Farbton und Oberfläche – trotzdem kalt sein, und auch die Härte des Materials ist nicht jedermanns Sache. Diese nachteiligen Eindrücke können Sie durch kleinere Teppiche in Sitzecken oder unter Tischen mildern.

In Kinderzimmern sollten Sie wegen der erhöhten Verletzungsgefahr bei Stürzen nach Möglichkeit keine solchen Böden verlegen. In Arbeitszimmern oder gar Werkräumen kann das Material zwar eingesetzt werden, es ist dort in der Regel aber überqualifiziert. Auch ist es unangenehm, mit einem Bürostuhl über die Fugen rollen zu müssen.

Für die Preise dieser Produkte gilt: Es gibt Fliesen schon sehr günstig, etwa ab DM 30,- pro m^2, manchmal sogar schon ab DM 12,-. Nach oben ist die Preisskala aber fast offen. Das gilt insbesondere für Naturstein, der bei etwa DM 90,- pro m^2 beginnt und bis zu DM 800,- kosten kann. Aufgrund der aufwendigen Technik ist die Verlegung durch einen Fachbetrieb im Vergleich zu anderen Bodenarten besonders teuer. Wer diese Arbeit selbst erledigen kann, der spart mit Fliesen oder Naturstein besonders viel Geld (siehe auch ☞ Produktübersicht Mineralische Fußböden, S. 145).

Restaurieren

(preisgünstig / leicht zu verwirklichen)

Immer wieder kommt es vor, daß einzelne Fliesen zu Bruch gehen. Vielleicht haben Sie oder Ihr Vorgänger in der Wohnung oder dem Haus aber auch Löcher in einige Fliesen gebohrt, die Sie nun nicht mehr benötigen und deshalb beseitigen wollen. Wegen solcher Schäden brauchen Sie nicht unbedingt alles zu erneuern.

Das gleiche gilt für den Fall, daß Sie z. B. im Badezimmer Ihrer neuen Wohnung Fliesen vorfinden, die nicht Ihrem Geschmack entsprechen. Oder die Dusche wirkt mit ihren braungrünen Farbtönen schon arg unmodern. Mit den geeigneten Anstrichen können die Steine des Anstoßes relativ einfach überstrichen werden. (Die folgenden Arbeitsanweisungen gelten übrigens sowohl für Boden- als auch für Wandfliesen.)

Dübellöcher verspachteln

Wenn das Loch nicht allzusehr ins Auge springt, reicht es meist schon aus, es mit geeignetem Material zuzuspachteln.

Sie brauchen

Werkzeuge:

- Hammer (vorhanden)
- Spachtel (ca. DM 3,- für 3 Stück)
- Schutzbrille (ca. DM 20,-, im Set mit Gehörschutz)

Verbrauchsmaterialien:

- Fliesenstück (vorhanden / ggf. nachkaufen)
- Zementmörtel, „chromatarm" nach TRGS 613 (ca. DM 5,- für 25 kg) oder Wasserglas

So geht's

Zertrümmern Sie mit dem Hammer auf einer Metallplatte ein Fliesenstück zu Pulver. *Tragen Sie dabei unbedingt eine Schutzbrille!* Vermischt mit Zementmörtel oder Wasserglas und mit Wasser angerührt, ergibt sich eine pastöse Masse, mit der Sie das unerwünschte Loch leicht verschließen können.

Beachten Sie dabei, daß es sich bei Zementmörtel und Wasserglas um stark ätzende Materialien handelt, die unbedingt mit (dichten!) Gummihandschuhen und mit Schutzbrille verarbeitet werden müssen!

Einzelne Fliesen auswechseln

Wohl dem, der im Falle einer kaputten Fliese noch einige Originalplatten hat. Der Nachkauf ist in aller Regel nicht möglich. Das gilt besonders dann, wenn die Fliesen schon einige Jahre alt sind. Wer nicht nur eine einzelne Fliese auswechseln will, kann sich überlegen, ob er mit andersfarbigen Fliesen der gleichen Größe ein Muster gestaltet. Selbst wenn er dabei einige noch intakte Platten zerstören muß, ist das immer noch preiswerter als eine komplette Erneuerung.

Werkzeuge: ◄—— **Sie brauchen**

- Hammer (vorhanden)
- Winkelschleifer mit Trennscheibe (vorhanden / ausleihen; ca. DM 15,- bis 30,- pro Tag)
- Flachmeißel (Fliesenmeißel) (DM 6,50 bis 14,-)
- Fliesenhammer (DM 6,50 bis 15,-)
- Werkzeuge für Verlegen (☞ Verlegen, S. 139)
- Schutzbrille (ca. DM 20,-, im Set mit Gehörschutz)

Verbrauchsmaterialien:

- Zementmörtel, „chromatarm" nach TRGS 613 (ca. DM 5,- für 25 kg)

◄—— **So geht's**

Zuerst werden mit Hammer und Meißel die Fugen rund um die Fliese aufgeschlagen *(Schutzbrille!)*. Falls vorhanden, kann dazu auch ein Winkelschleifer mit einer Trennscheibe benutzt werden. Als nächstes zertrümmern Sie die kaputte Fliese mit dem Fliesenhammer und befreien den Untergrund von Mörtel- oder Kleberrückständen. Dann setzen Sie die neue Fliese ein, wie unter ☞ Verlegen (S. 142) beschrieben. *Vergessen Sie auch dabei nicht Gummihandschuhe und Schutzbrille!*

Fliesen beschichten

Werkzeuge: ◄—— **Sie brauchen**

- Pinsel (ca. DM 3,- bis 5,- pro Satz von 5 Stück)
- Spachtel (ca. DM 3,- für 3 Stück)
- Cuttermesser (ca. DM 3,- für 3 Stück)

Verbrauchsmaterialien:

- Komplettpaket, bestehend aus: Grundreiniger, Haftgrund, Farbe, Fugenstreifen und Versiegelung (ca. DM 145,- für 4 - 5 m^2)
- Lackierrolle aus Schaumstoff (ca. DM 6,- pro Garnitur)
- Saubere Tücher (vorhanden)

Kosten: ca. DM 29,- bis 36,- pro m^2

So geht's ►

• Vorbereitende Arbeiten

Zuerst müssen alle Schäden und Löcher in den Fliesen beseitigt werden (☞ Dübellöcher Verspachteln, S. 130, ☞ Einzelne Fliesen auswechseln, S. 130). Hier spielt der Farbton der reparierten Stelle keine Rolle. Es soll lediglich eine intakte Oberfläche hergestellt werden. Dazu gehört auch, daß Sie grobem Schmutz mit einem Spachtel o. ä. zu Leibe rücken. Silikondichtungen müssen Sie ebenfalls mit einem Messer rückstandsfrei entfernen, da die neue Farbe sonst nicht haften bleibt.

Als nächstes reinigen Sie die Fliesen mit Haushalts- und danach intensiv mit dem Grundreiniger aus dem Beschichtungspaket und sauberen Tüchern. Auf diese Weise entfernen Sie fettige Rückstände, die die Haftung der Farbe sonst erschweren würden.

Ab jetzt sollten Sie den Raum gut lüften. Das unterstützt die Trocknung und bewahrt Sie vor allzu hohen Konzentrationen an gesundheitsgefährdenden Lösemitteln (☞ Luftbelastung durch Lösemittel, S. 32). Wie bei allen Maler- und Lackiererarbeiten sollten Sie außerdem die Sicherheitshinweise auf den Farbgebinden beherzigen.

Die Farbe besteht übrigens aus Polyurethan-Kunststoff. Da es sich dabei um eine einzelne Komponente handelt, brauchen Sie keine Freisetzung schädlicher Isocyanate zu befürchten.

• Streichen

Nachdem der Reiniger getrocknet ist, wird der Haftgrund als dünne und gleichmäßige Schicht aufgetragen – ebenfalls mit sauberen Lappen. Wenn er nach etwa einer halben Stunde getrocknet ist, kann der erste Farbanstrich folgen. *Ziehen Sie dazu auf jeden Fall Gummihandschuhe an! Die Farbe ist außerordentlich haftfähig und kann Ihnen deshalb eine Menge Ärger machen.*

Streichen Sie zuerst die Fugen eines kleineren Bereiches mit dem Pinsel. Über die noch feuchte Farbe wird dann naß in naß die weitere Farbe gerollt. Nach etwa zwölf Stunden ist der erste Anstrich getrocknet. Dann muß ein zweiter Farbanstrich – ebenfalls mit der Rolle – aufgebracht werden (bei Wänden von oben nach unten!). Achten Sie auch darauf, daß Sie keinen Schmutz über Ihre Schuhe auf den Boden tragen. Am besten tragen Sie während der Arbeit gar keine Schuhe, sondern Füßlinge aus Filz o. ä. oder ein paar dicke Socken.

Wenn Sie Wandfliesen beschichten, werden nach dem Trocknen (wiederum ca. zwölf Stunden) die Fugenstreifen aufgeklebt. Bei Bodenfliesen sollten Sie aus Stabilitätsgründen darauf verzichten.

Nach abermals zwölf Stunden Trockenzeit tragen Sie die Versiegelung auf – ebenfalls mit einer Lackrolle. Um auf Bodenfliesen hohe Dauerhaftigkeit zu gewährleisten, sollten Sie nach dem Trocknen noch eine zweite Schicht aufbringen.

Tip

Auf diese Weise können Sie sogar Waschbecken, Badewannen, Toiletten (außen) und Heizkörpern zu einem neuen (einheitlichen) Aussehen verhelfen. Die glatten Flächen müssen Sie gegebenenfalls zuvor mit einem feinen Schleifpapier anrauhen, weil die Farbe sonst nicht hält. Vergessen Sie dabei die Staubfiltermaske nicht, falls Sie dafür eine Maschine benutzen!

Der richtige Untergrund

Nicht immer können Sie mit dem Verlegen des neuen Teppichbodens, der Fliesen oder des Parketts sofort anfangen, sondern müssen mitunter einige Vorarbeiten durchführen. Wenn der Untergrund nicht einigermaßen eben ist, können unschöne Wellen im Teppich, Stolperfallen im Parkett oder sogar das Zerbrechen von Fliesen die Folgen sein. Etwaige Unebenheiten sollten nicht mehr als drei Millimeter auf einen Meter Länge betragen. Ermitteln können Sie das mit einer Richtlatte aus Holz oder Aluminium.

Das Glätten ist relativ einfach und kann von jedem selbst vorgenommen werden. Ob Estrich, Beton, Stein oder Holz, für alle Arten von Untergründen gibt es in Baumärkten die passenden Spachtelmassen. Allerdings haben sie sehr unterschiedliche Namen, was verwirren kann. So gibt es z.B. Fließ-(Boden-)spachtel, Holzbodenspachtelmasse, Nivellierspachtel oder Holzdielen-Ausgleichsmasse. In der Regel ist es möglich, lösemittelfreie und zementhaltige Ausgleichsmassen zu verwenden. Sie sollten nach Möglichkeit als **„chromatarm nach TRGS 613"** gekennzeichnet sein. Chromat ist als allergieauslösender Stoff für die sogenannte Maurerkrätze verantwortlich. Auch sollte die Masse kaseinfrei sein, da Kasein feuchtigkeitsempfindlich ist und bei später auftretender Feuchtigkeit unangenehm riechenden Ammoniak freisetzt. Außerdem sollten Sie darauf achten, daß ein Holzboden als Untergrund keine zu breiten oder tiefen Fugen aufweist, zwischen denen die Ausgleichsmasse versickern könnte. Gegebenenfalls können alte Dielen auch mit Fußbodenverlegeplatten aus Preßspan abgedeckt werden. Das sollte insbesondere dann geschehen, wenn die Unebenheiten zu stark ausgeprägt sind, als daß man sie mit Spachtelmasse beseitigen könnte.

Sie brauchen

Werkzeuge:
- Großer Kunststoffeimer (vorhanden)
- Glättbrett (DM 9,50 bis 11,50) oder breiter Gummiwischer mit Stiel (DM 10,- bis 11,-) oder Fußboden-Streichbürste (ca. DM 8,-)
- Bohrmaschine
- Rührer für Bohrmaschine (ab ca. DM 3,- bis 17,-)
- Gummihandschuhe (DM 2,- bis 3,80)
- Richtlatte oder lange Wasserwaage (DM 34,- bis 80,-)

Verbrauchsmaterialien:
- Selbstverlaufende Spachtelmasse (ca. DM 42,- für 12,5 kg entspr. 1 mm Dicke auf 7,35 m²)
- ggf. lösemittelfreier Tiefgrund bzw. Holzgrundierung (ca. DM 18,- für 2 kg entspr. 13 m² bis DM 30,- für 5 l entspr. 35 m²)
- ggf. Kunststoffgitter oder -netz (bei Untergrund aus Holz oder Werkstoffplatte), (ca. DM 55,- für 10 m²)

So geht's

• Untergrund vorbereiten

Nachdem Sie alle eventuellen Belags- oder Kleberreste entfernt haben (☞ Alte Beläge aufnehmen, S. 151), müssen Sie dafür sorgen, daß der Boden absolut sauber, fett- und staubfrei ist. Ein stark saugender Estrich als Untergrund muß zuerst mit einem Tiefgrund abgedichtet werden, weil er sonst der Ausgleichsmasse das Wasser entziehen würde, noch bevor sie richtig abbinden kann. Während Tiefgrund früher grundsätzlich stark lösemittelhaltig war, gibt es heute auch lösemittelfreie Produkte, die aus Gründen des Umwelt- und Gesundheitsschutzes auf jeden Fall vorzuziehen sind (☞ Richtig grundieren, S. 104).

• Ausgleichsmasse aufbringen

Als nächstes wird die Spachtelmasse gemäß der Packungsanleitung mit Wasser angerührt. Danach verteilen Sie sie portionsweise und möglichst gleichmäßig auf dem Untergrund. Achtung: Die Massen heißen zwar „selbstverlaufend", das bedeutet jedoch nicht, daß sie von selbst eine ebene Fläche bildeten. Um das hinzukriegen, müssen Sie mit dem Glättbrett nachhelfen. Wer nicht auf den Knien herumrutschen will, der kann statt dessen einen breiten Gummiwischer mit Stiel oder eine Fußboden-Streichbürste nehmen (Achtung: Nur ganz leicht verteilen!).

Auf den Packungen für die Spachtelmassen ist angegeben, wie dick die Ausgleichsschicht maximal werden kann. Wer dickere Schichten braucht, kann dies in mehreren Arbeitsgängen – jeweils mit der entsprechenden Trocknungsphase dazwischen – erreichen.

Bei Holzdielen als Untergrund sollten Sie möglichst dick ausgleichen, damit sich die Dielenstruktur nicht wieder abzeichnet.

Für die neue Oberfläche gelten natürlich die gleichen Bedingungen wie für den blanken Estrich. Das bedeutet, sie muß absolut trocken sein, bevor ein Fußboden darauf verlegt wird. Das ist insbesondere bei Parkett sehr wichtig, das sonst schnell „aus dem Leim" gerät. Ist die Oberfläche stark saugend, so muß man sie mit Tiefgrund behandeln (☞ Richtig grundieren, S. 104). Wenn Sie vorhaben, einen flexiblen Bodenbelag zu verkleben, so können Sie statt des Tiefgrunds auch lösemittelfreien Kleber nehmen, den Sie mit Wasser verdünnt haben. Böden aus Holz oder Werkstoffplatte (= Spanplatte) müssen Sie gegebenenfalls glattschleifen und mit einer speziellen Grundierung streichen. Wollen Sie Fliesen verlegen, so müssen Sie noch ein Kunststoffgitter oder -netz darauf antackern.

Verlegen
(gründlich)

Beim Einkauf der Fliesen sollten Sie sowohl auf die Eignung (Feuchtraum, Frostsicherheit, Abriebfestigkeit usw.) als auch auf die richtige Menge achten. Als Faustregel kann Ihnen die folgende Berechnung dienen:

Quadratmeter + 5 % Verschnitt (bei Diagonalverlegung 10 %) + 5 % Reserve

Die Reserve ist wichtig für spätere Ausbesserungs- und/ oder Umbauarbeiten!

Offenporige Ziegelton- oder Cottofliesen sollten Sie auf keinen Fall selbst verlegen! Es handelt sich dabei um eine sehr komplizierte und zeitaufwendige Arbeit, die nur von speziellen Fachbetrieben durchgeführt werden kann. Wer die Kosten und Unbequemlichkeiten nicht scheut, wird allerdings mit einem besonders schönen und auch behaglichen Fußboden belohnt.

Bei der Verlegung der übrigen keramischen Fliesen sollten handwerklich nicht sehr erfahrene Personen sich für das sogenannte Dünnbett-Verfahren entscheiden. Es hat gegenüber dem traditionellen Dickbett-Verfahren den Nachteil, daß Unebenheiten des Untergrundes vorher ausgeglichen werden müssen. Die Verarbeitung selbst ist dagegen sehr viel einfacher. Natursteine werden im Mittelbett-Verfahren verlegt. Die Kleberschicht ist dabei etwa 5 mm dick.

Bevor Sie also beginnen, sollten Sie prüfen, ob der Untergrund ausreichend eben ist (☞ Der richtige Untergrund, S. 134). Wollen Sie die Fliesen auf Holzdielen verlegen, so benötigen Sie eine Zwischenlage aus Verlegeplatten, die auf die Dielen geschraubt werden. Damit der Fliesenkleber hält, streichen Sie den Untergrund mit lösemittelfreiem (!) Tiefgrund. Die Verlegung in Naßbereichen sollten Sie einem Fachbetrieb überlassen. Dafür muß nämlich der Untergrund sorgfältig wasserdicht abgesperrt werden. Vereinbaren Sie mit dem Fliesenleger eine Ausführung der Wassersperre nach DIN!

Wer alte Fliesen durch neue ersetzen will, der braucht diese eventuell gar nicht zu entfernen. Mit dem Dünnbett-Verfahren ist es auch möglich, die neuen Fliesen auf die alten zu kleben.

Tip

Die **Auswahl des richtigen Fliesenklebers** hängt von verschiedenen Faktoren ab. In der Regel wird ein hydraulisch härtender Klebemörtel auf Zementbasis eingesetzt. Versuchen Sie nach Möglichkeit, eine „chromatarme" Qualität zu bekommen (nach TRGS 613). Wer längere Trocknungszeiten in Kauf nimmt, kann auch zu lösemittelfreien Dispersionsklebern greifen. Diese haben den Vorteil, daß sie in gebrauchsfertiger Form angeboten werden. Sie können jedoch wegen ihrer mangelnden Frostbeständigkeit nicht im Außenbereich eingesetzt werden. Ein kunststoffvergüteter Klebemörtel ist nur dort notwendig, wo der Untergrund arbeitet, wie etwa bei Trockenestrich, Heizestrich und schwingenden Untergründen (Holz, Verlegeplatten), oder wo die Gefahr der Durchfeuchtung besteht, also im Freien oder in Feuchtbereichen. Wer helle (Naturstein-)Marmorplatten verlegen will, der sollte speziellen Marmorkleber verwenden. Er hat eine helle Eigenfarbe und scheint deshalb nicht dunkel durch.

Bei der **Auswahl des Fugenmörtels** können Sie im Prinzip keine Fehler machen, wenn Sie das gleiche System wählen wie beim Fliesenkleber. Wo Sie nicht ohnehin einen Fliesenkleber mit Kunststoffanteil einsetzen müssen (s. o.), sollten Sie Fugenbreiten über 5 mm vermeiden. Sie müßten sonst nämlich unnötigerweise einen kunststoffvergüteten Fugenmörtel verwenden. Beim

Wandanschluß und auch dort, wo der Unterboden Dehnungsfugen aufweist, müssen die Fliesenfugen in Silikon ausgeführt werden, weil es sonst später Risse geben kann. Das gilt insbesondere bei Fußbodenheizungen. Schöner sehen Dehnungsprofile aus Metall aus, die in einem Silikonbett verankert sind. Im Außenbereich müssen jeweils etwa 20 m^2 Fliesenfläche durch Dehnungsfugen voneinander getrennt werden.

Sie brauchen

Werkzeuge:
- Maurerkelle (DM 9,- bis 18,50)
- Rührholz (vorhanden) oder
- Bohrmaschine mit Rührvorsatz (DM 3,- bis 17,-)
- Zahnspachtel (Zahnung je nach Fliesen- / Plattengröße) (ca. DM 5,- pro Satz)
- Fugengummi und Schwammbrett (ca. DM 15,- im Set mit Gummihammer)
- Richtlatte oder lange Wasserwaage (DM 34,- bis 80,-)
- Maurerschnur mit Einschlagstiften (DM 2,60 für 20 m bis DM 13,20 für 100 m)
- Kartuschendrücker (ca. DM 3,- bis 20,-)
- Schutzbrille und Gehörschutz (ca. DM 20,- im Set)

Zusätzlich für Fliesen:
- Fliesenschneider (ca. DM 20,- bis 60,-) oder Schneideapparat (ausleihen; ca. DM 25,- pro Tag)
- Brechzange (ca. DM 5,-)
- ggf. Winkelschleifer mit Hartmetallscheibe (vorhanden / ausleihen; ca. DM 15,- bis 30,- pro Tag)
- ggf. Stichsäge mit Hartmetallsägeblatt (vorhanden / ausleihen; ca. DM 12,- pro Tag)
- ggf. Fliesen-Sägebogen (ca. DM 25,- ; DM 9,- für Ersatzdraht)
- Fliesen- oder Korundfeile (ca. DM 17,-)

Sie brauchen

Zusätzlich für Natursteine:
- Gummihammer (DM 7,90 bis 18,90)
- ggf. Stein-Kreissäge für Natursteine (ausleihen; ca. DM 62,- pro Tag)

Verbrauchsmaterialien:
- Dünnbettkleber auf Zementbasis, „chromatarm" nach TRGS 613 (ca. DM 8,- bis 18,- bzw. 40,- (kunststoffvergütet) für 20 bis 25 kg) oder lösemittelfreier Dispersionskleber (ca. DM 70,- für 10 kg, entspr. 5,5 bis 10 m²)
- Fugenmörtel (ca. DM 18,- bis 40,- für 25 kg)
- Silikon-Dichtungsmasse (ca. DM 4,- bis 17,25 für 300 ml)
- Schleifpapier (ca. DM 3,- für 12 Blätter)
- Kreide (ca. DM 2,- für einen Satz mit verschiedenen Farben)
- Spülmittel (vorhanden)
- Profile als Abschlüsse und ggf. als Übergänge oder als Entspannungsprofile (ca. DM 35,- bis 50,- pro m)
- ggf. Verlegeplatten (ca. DM 6,- bis 8,- für Holzwerkstoff- bis DM 60,- pro m² bis 65,- für massive Holzplatten)
- ggf. Zeitungspapier (vorhanden)

So geht's

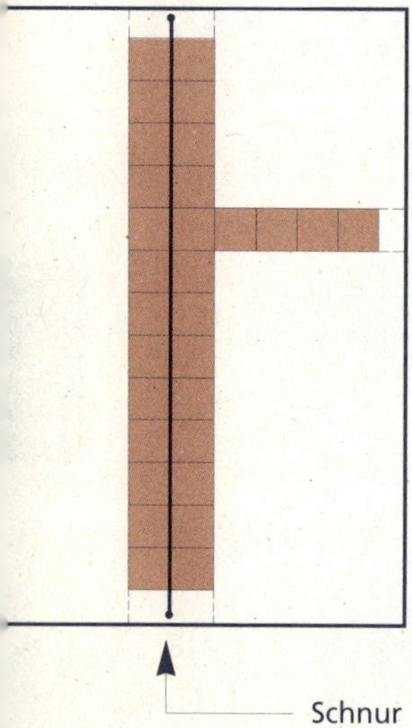

• Die Verlegung planen

Legen Sie beiderseits einer Richtschnur, die Sie zwischen den Mittelpunkten der kurzen Seiten des Raumes gespannt haben, je eine Reihe Fliesen „trocken" aus. Eine weitere Reihe legen Sie im rechten Winkel dazu. Angeschnittene Fliesen sollten möglichst nicht schmaler als ihre halbe Breite sein und immer an den Rändern liegen. Wenn Sie Dehnungsfugen im Untergrund haben, müssen Sie die Fliesenfugen so ausrichten, daß sie exakt darüber liegen! Berücksichtigen Sie auch die gewünschte Fugenbreite (möglichst nicht mehr als 5 mm).

Weil Natursteinplatten sehr ungleichmäßig gefärbt sind, sollten Sie hier stets alle in der gewünschten endgültigen Anordnung trocken auslegen und sich durch entsprechende Sortierung oder Kennzeichnung, z. B. mit Kreide, ihre Lage merken. Wegen ihrer unregelmäßigen Form vermeidet man bei Natursteinplatten üblicherweise sogenannte Kreuzfugen. Sie werden statt dessen versetzt zueinander gelegt. Nebenbei hat man dadurch einen geringeren Verschnitt. Die Fugenbreite kann man sehr klein wählen. Wenn es Ihnen gefällt, können Sie sie sogar auf Stoß, das heißt ohne Fugen verlegen.

- Fliesen bearbeiten

Gerade Schnitte werden an Fliesen mit einfachen Fliesen- oder Glasschneidern ausgeführt. Mit diesen Geräten ritzen Sie die Oberfläche entlang einer Metallschiene ohne abzusetzen an. Die Fliese wird danach gebrochen – am besten über ein schmales Rundholz. Wenn Sie sehr viele Fliesen bearbeiten müssen, können Sie einen Fliesenschneider verwenden, der die zu bearbeitenden Stücke auch gleich bricht. Kleinere, runde oder unregelmäßige Aussparungen werden mit der Brechzange ausgeknabbert. Wer einen Winkelschleifer besitzt oder sich einen leihen kann, macht es sich leichter. Er ritzt die Fliesen mit einer Hartmetallscheibe an. Dünne Fliesen können Sie auch mit einem laubsägeähnlichen Fliesen-Sägebogen zuschneiden. Noch einfacher geht es mit einer Stichsäge, die mit einem Hartmetall-Sägeblatt ausgestattet ist. Mit ihr können allerdings keine Radien unter 10 cm gesägt werden, weil sich das Sägeblatt sonst verkantet und die Fliese bricht. Die Kanten glätten Sie am besten mit einer Fliesen- oder Korundfeile und arbeiten sie mit normalem Schleifpapier nach.

Tragen Sie sicherheitshalber bei allen genannten Arbeiten eine Schutzbrille!

Natursteine lassen sich nicht so leicht bearbeiten. Sie müssen mit einer speziellen wassergekühlten Stein-Kreissäge zugeschnitten werden. Sie brauchen eine solche Maschine aber nicht zu kaufen. In Baumärkten oder speziellen Leihagenturen können Sie sich eine ausleihen. Auch wer viele Bodenfliesen zu bearbeiten hat, sollte eine solche Maschine zu Hilfe nehmen. Achtung: Dabei wird es sehr laut. *Zusätzlich zu der obligatorischen Schutzbrille müssen Sie bei der Arbeit mit der Kreissäge auf jeden Fall einen Gehörschutz tragen!*

- Fliesen verlegen

Rühren Sie den Fliesenkleber nach Verpackungsanweisung in einem großen Kunststoffeimer mit Wasser an. Am besten benutzen Sie dazu einen Rührvorsatz für die Bohrmaschine. Billiger geht's mit einem Rührholz. *Tragen Sie auf jeden Fall Gummihandschuhe und eine Schutzbrille!* Zementmörtel wirkt sehr ätzend auf Haut und Augen. Achten Sie darauf, daß die Masse glatt und klumpenfrei ist. Mit der Kelle verteilen Sie einen kleinen Teil des Klebers in einer dünnen Schicht auf einer Fläche von der Größe, die Sie in ca. 15 Minuten bearbeiten können. Dann kämmen Sie ihn mit dem Zahnspachtel schräg zur Verlegerichtung durch, legen die Fliesen auf ihre vorgesehenen Positionen und drücken sie gut an. Achten Sie dabei auf die Fugenbreite. Je größer die Fliesen sind, desto breiter müssen übrigens die Zähne des Zahnspachtels sein. Damit die Fugen schön gleichmäßig bleiben, kontrollieren Sie regelmäßig die frisch verlegten Fliesenabschnitte mit der Wasserwaage bzw. der Richtlatte. Entfernen Sie in die Fugen quellenden Kleber sofort mit einem Fugenspachtel, bevor er abbindet.

Natursteinplatten werden unter leichtem Drehen in den Kleber gelegt und mit einem Gummihammer festgeklopft.

Denken Sie daran, daß Sie am Rand oder an den Übergängen zu anderen Bodenbelägen Abschlüsse vornehmen müssen! Im einfachsten Fall handelt es sich dabei um Übergangsprofile. Es gibt sie in den unterschiedlichsten Ausführungen, je nach ihrem Zweck bzw. nach dem angrenzenden Material. Wie es der extremen Langlebigkeit der Fliesen oder des Steins entspricht, sollten Sie an den Übergängen zu anderen Belägen fest eingebaute Profile aus Metall nehmen. Auch für eventuelle Dehnungsfugen gibt es solche speziellen metallenen Profile.

• Verfugen

Je nach Art und Dicke des Fliesenklebers können Sie zwischen 5 und 24 Stunden nach dem Legen der Platten mit dem Verfugen beginnen. Rühren Sie immer nur einen Teil des Fugenmörtels auf einmal an, damit Sie genügend Zeit bei der Verarbeitung haben. Denken Sie auch daran, daß die Fliesenfugen über Dehnungsfugen und Wandanschlüsse auf jeden Fall mit Silikon ausgeführt werden müssen! Am besten stopfen Sie sie zuvor mit Zeitungspapier aus. Der Fugenmörtel wird auf die Fliesen aufgebracht und mit dem Fugengummi kreuz und quer in die Fugen eingestrichen. Wenn der Mörtel etwas angezogen hat, sollten Sie die Reste auf den Fliesen mit dem feuchten Schwamm gründlich abwaschen. Sonst kann es passieren, daß ein Zementschleier dauerhaft auf den Fliesen zurückbleibt. Sollten Sie später feststellen, daß sich trotzdem ein solcher Schleier gebildet hat, so können Sie ihn mit speziellen Zemententfernern beseitigen. Achten Sie aber darauf, daß diese kein Fluor enthalten. Es greift die Oberfläche der Fliesen an. Sollten Sie auf die Idee verfallen, die Zementrückstände mit verdünnter Salzsäure zu entfernen – vergessen Sie es gleich wieder. Die beseitigt nämlich nicht nur den Zement, sondern nebenbei auch noch gleich den Fugenmörtel.

Pflegen

Unabhängig vom Material können alle Böden aus Naturstein oder Fliesen mit einem Staubsauger gereinigt werden (am besten mit Bürstvorsatz). Auch die Naßreinigung mit Neutralreiniger schadet nichts, wenn Sie nicht zuviel davon in das Wischwasser geben. Sonst machen sich nach einiger Zeit häßliche Beläge auf den Böden breit, die nur mühsam wieder zu entfernen sind. Auf keinen Fall sollten Sie bohnern, da die Rutschgefahr stark erhöht wird, und auch Schmierseife ist heute völlig out! Sie wirkt stark alkalisch und kann dadurch die Oberflächen von Stein- und Keramikböden schädigen. Sie werden dann auf Dauer stumpf, unansehnlich und sogar verschmutzungsanfälliger. Aus dem gleichen Grund sollten Sie auf keinen Fall fluorhaltige Reinigungsmittel einsetzen (auch: Fluor-Silikat oder Fluat genannt). Diese enthalten außerdem viele ungesunde Lösemittel. Das gilt auch für die sogenannten Grundreiniger, die gegen starke Verschmutzungen angeboten werden. Im normalen Haushalt werden sie nicht gebraucht. Schon gar nicht, wenn man den Boden regelmäßig reinigt.

Ziegeltonfliesen sind durch ihre offenporige Oberfläche relativ schmutzempfindlich. Sie werden deshalb bereits vor dem Verlegen mit einer speziellen Imprägnierung aus Naturharzen, Spezial-Hartölen oder Bienenwachs behandelt.

Schieferplatten erhalten eine schöne Oberfläche, wenn man sie etwa einmal im Jahr mit Leinöl einreibt.

PRODUKTÜBERSICHT MINERALISCHE FUSSBÖDEN

Bodenart	**Material**	**Oberfläche**	**Lieferformen**	**Preis pro m^2**
Naturstein	Solnhofer Plattenkalk, Travertin, Jura, Dolomit, Marmor, Quarzit, Schiefer, Granit	feingeschliffen (poliert), mit Harzöl imprägniert	polygonale, quadratische oder rechteckige Platten von 150 bis 400 mm Kantenlänge und 10 bis 40 mm Dicke	ca. DM 90,- bis 800,-; mit Verlegung ca. DM 180,- bis 1.000,-
Keramische Platten (Fliesen):				
Steinzeugfliesen	Gemisch aus Quarz, Kaolin, Feldspat und Ton	unglasiert oder glasiert (hochglänzend oder mattglänzend in verschiedenen Härtegraden)	quadratische oder rechteckige Platten von 100 bis 400 mm Kantenlänge und 4 bis 15 mm Dicke (auch Sonderformate erhältlich)	Ca. DM 25,- bis 80,-; mit Verlegung ca. DM 90,- bis 140,-
Ziegeltonfliesen (Cotto)	Ton oder Tongemisch	unglasiert	quadratische oder rechteckige Platten verschiedener Größe und von 15 bis 30 mm Dicke (auch Sonderformen erhältlich)	ca. DM 30,- bis 70,-; mit Verlegung ca. DM 100,- bis 130,-
Klinkerplatten	Ton oder Tongemisch	unglasiert, gesintert	polygonale, quadratische oder rechteckige Platten von 120 bis 300 mm Kantenlänge und 14 bis 40 mm Dicke	ca. DM 40,- bis 80,-; mit Verlegung ca. DM 70,- bis 140,-

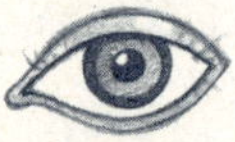

II. Linoleumbeläge

(strapazierfähig / ästhetisch / Fachbetrieb)

Linoleum ist *der* Klassiker unter den glatten Bodenbelägen. Nachdem es schon fast vollständig von PVC verdrängt worden war, ist es in den letzten Jahren – nicht zuletzt aus ökologischen Gründen – wieder in Mode gekommen. Das hat zur Folge, daß es mittlerweile wieder ein größeres Sortiment an verschiedenen, auch modernen, Farben und Mustern gibt. Meist wird dieser Belag in Bahnen angeboten. Erhältlich sind aber auch Fliesen in den Größen 50 x 50 cm oder 60 x 60 cm. Für den Einkauf muß man sich meist zum Fachhandel bemühen, da dieser Belag bislang selten in Baumärkten angeboten wird.

Linoleum vereinigt in sich mehrere Eigenschaften, durch die es für fast alle Räume geeignet ist. Da der Belag sehr pflegeleicht ist, wird er gerne in Kinderzimmern verlegt. Auch für Arbeitszimmer sowie für Flure und Treppen ist er wegen seiner hohen Strapazierfähigkeit ideal, zumal ihm die Belastung durch Stuhlrollen nichts ausmacht. Linoleum ist sehr langlebig. Manche Linoleumbeläge können über Jahrzehnte liegen bleiben. Auch wer keine textilen Beläge haben möchte, der findet in Linoleum eine preisgünstige und gestaltungsfähige Alternative zu Holzböden und mineralischen Fliesen. Wie diese ist es auch für Fußbodenheizungen geeignet. Die einzige Verwendungsbeschränkung für unbeschichtetes Linoleum besteht darin, daß es **nicht in Feuchträumen** eingesetzt werden kann. Es quillt unter längerem Feuchtigkeitseinfluß auf und verliert seine Form. Jeder Linoleumbelag kann aber problemlos zu Reinigungszwecken feucht gewischt werden. Wer unbedingt will, kann auch für Keller- oder sogar für Werkräume Linoleum einsetzen, das dann allerdings mit einer Kunstharzbeschichtung versehen sein muß. Außerdem müssen die Fugen in diesem Fall mit einem speziellen Zwei-Komponenten-Kleber verschweißt werden. Unter ökologischen Gesichtspunkten ist das aber immer noch besser als ein Belag, der vollständig aus Kunststoff besteht. Bei den Inhaltsstoffen von Linoleum handelt es sich immerhin um Leinöl, natürliche Harze, Kork-, Holz- und Kreidemehl. Das sind entweder nachwachsende oder zumindest keine knappen Rohstoffe. Selbst der Rücken eines Linoleumbelags besteht aus der Pflanzenfaser Jute. Lediglich bei Linoleumfliesen gibt es auch solche mit einem Rücken aus Glasfasern.

Bei allen Vorteilen, die Linoleum zu bieten hat, gibt es allerdings einen Wermutstropfen. Die Verlegung ist sehr schwierig und einem Ungeübten kaum zuzumuten. Besonders das Beschneiden und das Verfugen sind kompliziert. Diese Arbeiten fallen auf jeden Fall an, denn Linoleum ist produktionsbedingt entweder als Fliesen oder als Bahnen in zwei Metern Breite erhältlich. Wir verzichten deshalb hier auf eine Arbeitsanweisung und empfehlen statt dessen, einen **Fachbetrieb** mit der Verlegung zu beauftragen. Wer dem jedoch Arbeit abnehmen und dadurch Geld sparen will, der kann schon einmal selbst den alten Belag aufnehmen und gegebenenfalls den Boden vorbereiten (☞ Alte Beläge aufnehmen, S.151 und ☞ Der richtige Untergrund, S. 134).

Die Materialkosten für den Belag bewegen sich zwischen DM 65,- und 125,- pro m^2. Mit den notwendigen Verlegearbeiten belaufen sie sich auf zwischen DM 85,- und 155,-. Zunächst aber gibt es beim Kauf von Linoleum einiges zu beachten.

Auswählen

Linoleumbeläge sind in Dicken zwischen 2 und 4 mm erhältlich. Für Wohnräume reichen 2,5 mm meist aus. Wer eine Fußbodenheizung hat, sollte schon wegen des Dämmeffektes nicht darüber gehen. Andernfalls läßt sich die Trittschalldämmung auch durch eine Unterlage aus sogenanntem Korkment verbessern, das ebenfalls in Dicken zwischen 2 und 4 mm angeboten wird und das man am besten zusammen mit dem Linoleumbelag verlegen läßt. Bei Verbundbelägen ist dieses Korkment bereits als zweite Schicht auf der Rückseite des Linoleum aufgebracht. Bei diesem Material ist zu beachten, daß es neben Korkschrot auch Harze als Bindemittel enthält. Dabei kann es sich durchaus auch um Kunstharze (z. B. Polyester) handeln. Wer nur natürliche Stoffe verwenden will, der sollte daher auf die Zusammensetzung achten.

Billige Beläge enthalten oft einen hohen Anteil an Holzmehl. Weil das den Boden brüchig macht, mischt man Stoffe bei, um die Geschmeidigkeit des Belags zu verbessern. Vielfach werden dazu Phthalsäureester eingesetzt, die auch bei Weich-PVC verwendet werden. Wer sich keine unnötigen Chemikalien in die Wohnung holen will, der achte diesbezüglich auf eine hohe Qualität, wie sie meist von einheimischen Herstellern angeboten wird.

Fast alle Linoleumbeläge sind mit einer Kunststoffoberfläche aus Acrylharz versiegelt. Wer den Boden nicht gerade in einem Feuchtraum verlegen will, der kann aber darauf verzichten. Unbeschichtet angebotene Beläge müssen allerdings nach dem Verlegen auf jeden Fall mit einem speziellen Flüssigwachs versiegelt werden, wie es beispielsweise Naturfarbenhersteller anbieten. Auch ist bei der Pflege unversiegelter Böden einiges zu beachten (☞ Linoleumbeläge pflegen, S. 154).

Eine gute Qualität äußert sich bei Linoleum auch in der möglichst geringen Intensität seines Geruchs. **Wer den Geruch von Linoleum gar nicht mag, sollte besser auf dieses Material verzichten,** denn ganz ohne geht es nicht. Selbst Beläge, die bereits mehrere Jahre alt sind, riechen noch. Beim Aushärten des Belages reagiert das enthaltene Leinöl mit Luftsauerstoff und bildet dabei die riechenden Substanzen. Dieser Prozeß verlangsamt sich zwar im Laufe der Zeit – und mit ihm die Geruchsemissionen – er hört jedoch nie ganz auf. Wie stark ein Belag riecht, ist also davon abhängig, wie lange seine Oberfläche schon vor dem Kauf intensiven Kontakt mit der Luft hatte. Das erfordert auf der Seite des Herstellers eine spezielle Behandlung, die sogenannte Reifung. Ungenügend gereifte Beläge, die bereits kurz nach der Produktion in den Handel kommen, rächen sich dafür lange an den Nasen ihrer Besitzer. Auch hier gilt also, wie bei allen Produkten, mit denen Sie sich dauerhaft umgeben wollen: Lassen Sie beim Kauf Ihre Nase mitentscheiden!

Vorbereitung für das Verlegen

Linoleum muß immer als senkrecht stehende Rolle gelagert werden. Mindestens 24 Stunden vor dem Verlegen müssen die Bahnen dann vor Licht geschützt im Verlegeraum ausgerollt werden. Dadurch kann man verhindern, daß der Belag später noch seine Form verändert. Alle Teile des Belags müssen in dem Raum, wo sie verlegt werden sollen, gemeinsam gelagert und zugeschnitten werden. Auch dürfen während der Verlegearbeiten keine längeren (mehrtägigen) Pausen gemacht werden, etwa über ein Wochenende hinweg. Der Grund für diese merkwürdige Anweisung: Während der Reifung des Linoleums bekommt es durch die dabei ablaufenden chemischen Vorgänge einen sogenannten Reifeschleier, der aber unter Lichteinfluß verschwindet.

Das bedeutet, daß Linoleum der gleichen Charge deutlich unterschiedliche Färbungen hat, wenn es unterschiedlich lange oder mit unterschiedlicher Intensität dem Licht ausgesetzt war. Selbst bei später gleichmäßiger Belichtung des gesamten Belags bleiben diese Unterschiede über längere Zeit bestehen.

Wie bei allen flexiblen Bodenbelägen kommt dem Kleber eine große Bedeutung zu, wenn es um Emissionen in die Innenraumluft geht. Bevor Sie einen Auftrag zum Verlegen erteilen, sollten Sie deshalb die Art des zu verwendenden Klebers mit dem Handwerker verbindlich vereinbaren. Empfehlenswert sind zwei Arten:

• **Lösemittelfreier Dispersionskleber** (möglichst mit „D 1" nach dem Gefahrstoff-Informations-System GISCODE gekennzeichnet): Hierbei ist zu beachten, daß der Kleber eine ausreichende Zeit zum Abbinden braucht. Der Boden kann erst nach etwa 36 Stunden begangen werden. Außerdem muß der Untergrund saugend sein, um die Feuchtigkeit aus dem Kleber aufnehmen zu können. Ist das nicht der Fall, kann das Linoleum erweichen. Der Effekt: Möbelfüße drücken sich ein.

• **Gips-Kasein-Kleber:** Diese umwelt- und gesundheitsverträglichste Variante ist leider nicht für Feuchträume geeignet, da der Kleber zum einen nicht wasserfest ist und zum anderen bei Feuchtigkeit verderben kann. Da er in getrocknetem Zustand leicht bricht, läßt er sich ebenfalls nicht zum Verkleben auf dem weichen Korkment verwenden.

Wenn das Linoleum nicht in einem Feuchtraum verlegt wird, brauchen die Bahnen nur auf Stoß verklebt zu werden. Ein Verschweißen mit Linoleum-Schmelzdraht ist dann unnötig. Wie schon beim Kleber sollten Sie mit dem Handwerker darüber eine Vereinbarung treffen.

Unbeschichtetes Linoleum muß nach dem Verlegen versiegelt werden. In der Regel wird diese Arbeit als zum Verlegen gehörig vom Handwerker mit erledigt. Sie können es aber auch selbst machen. Dazu brauchen Sie ein spezielles Flüssigwachs, wie es z. B. viele Naturfarbenhersteller anbieten. Es wird nach Gebrauchsanleitung mit einem fusselfreien Leinentuch in den Belag einmassiert.

Nach dem Verkleben dauert es noch eine ganze Weile, bis die Feuchtigkeit aus dem Klebstoff durch das Linoleum hindurch an die Luft abgegeben worden ist (bis zu sechs Wochen). Um diesen Prozeß zu beschleunigen, sollten Sie in dieser Zeit den Belag möglichst nur trocken reinigen.

Alte Beläge aufnehmen

Wer einen unbeschädigten Belag aus Linoleum oder PVC vorfindet, kann den neuen getrost darüber legen. Dabei spielt es keine Rolle, ob es sich um einen glatten oder einen textilen Belag handelt. Gerade bei alten PVC-Belägen oder -Platten kann das Darüberlegen sogar vor der Freisetzung von Asbeststaub schützen. Bestimmte Produkte enthielten in der Vergangenheit nämlich diesen krebserzeugenden Stoff. Sie lassen sich glücklicherweise recht gut erkennen. Wenn es sich um Bahnenware mit altdeutschem Kachelmuster handelt, die zudem aus der Zeit vor 1982 stammt, sollten Sie einen Fachbetrieb mit der Begutachtung und gegebenenfalls der Entfernung des Belags beauftragen. Ihr zuständiges Gesundheitsamt wird Ihnen gern bei der Suche danach helfen. Das gleiche gilt übrigens auch für marmorierte PVC-Platten, die eine Seitenlänge von 25 cm haben. *Auf gar keinen Fall sollten Sie verdächtige Beläge selbst aufnehmen!* Besonders problematisch ist dabei das Entfernen von Materialrückständen vom

Estrich, etwa durch Abschleifen. Dabei werden nämlich enorme Mengen feinster Asbestfasern in der Luft verteilt, die sich weder von einem Atemschutz- noch von einem Staubsauger-Mikrofilter zurückhalten lassen. Unabhängig von der unmittelbaren Belastung würden sich die Fasern dauerhaft in der gesamten Wohnung niederlassen und zur ständigen Bedrohung werden.

Der alte Belag sollte jedoch auf alle Fälle sorgfältig gereinigt und vor allen Dingen von fettigen Rückständen befreit werden. Sogar alte textile Beläge können liegenbleiben, wenn neue verlegt werden sollen. Voraussetzungen dafür sind allerdings, daß der alte Belag nicht fest verklebt und nicht zu langflorig ist und der neue verspannt oder mit einem Verlegenetz fixiert werden soll. Auch bei der sogenannten schwimmenden Verlegung von Holzfußböden können solche Beläge, wie auch vollflächig verklebte Kunststoffbeläge, liegenbleiben.

Alte Teppichböden, die noch mit konventionellen lösemittelhaltigen Klebern befestigt wurden, widersetzen sich häufig standhaft allen Entfernungsversuchen. Hier kann man sich oft mit einer Reißklaue helfen, die speziell für solche schwierigen Fälle konzipiert wurde. Auf jeden Fall ist es hilfreich, den alten Belag mit einem Teppichmesser in Streifen zu schneiden. Die lassen sich dann mit wesentlich weniger Aufwand ablösen als ein einzelnes großes Stück. Das gilt übrigens auch für alte Linoleum- oder PVC-Beläge. Textile Beläge können auch mit einem Fugenkratzer aufgetrennt werden, mit dem man sonst die Zwischenräume von Wegeplatten reinigt. Wer ohnehin über einen Schwingschleifer verfügt, kann sich als Zusatzgerät einen Teppichentferner dazu kaufen. (Auch an Leihen und Verleihen denken!)

Vorsicht ist angebracht, wenn der Teppichboden auf einem Parkett verklebt ist. Dann kann es nämlich leicht passieren, daß Sie Parkettstäbe vom Estrich reißen.

Seien Sie in diesem Fall also behutsam. Sollte sich trotzdem das eine oder andere Holz vom Boden lösen, so können Sie es leicht wieder befestigen (☞ Holzfußböden / Restaurieren, S. 191)

Wenn Sie komplizierte Raumecken haben, sollten Sie den alten Bodenbelag nicht gleich wegwerfen. Die Stücke aus diesen Ecken können für einen neuen Belag gut als Schablone für das Zurechtschneiden dienen.

Beim Abreißen bleiben fast immer Reste des Schaumrückens auf dem Boden zurück. Um ihnen zu Leibe zu rücken, muß man schon einigermaßen schwer arbeiten. Ein Reinigungsspachtel ist nur für kleinere Flächen geeignet. Bei größeren müssen dann schon Bodenschäler oder Stoßscharren her.

Wer es sich ganz leicht machen will, der kann sich Profi-Maschinen zum Entfernen alter Teppichbodenreste ausleihen. Sie tragen so phantasievolle Namen wie „Power-Fräse" und „Kraftstripper". Haben Sie das Pech, daß der alte Belag auf einen Holzboden geklebt war, so bleibt Ihnen nichts anderes übrig, als diesen auch noch sauber abzuschleifen (☞ Renovieren der Oberfläche, S. 194). *Denken Sie daran, bei Schleifarbeiten immer eine Staubschutzmaske zu tragen!* Vielleicht entschließen Sie sich bei dieser Gelegenheit ja, den (aufgearbeiteten) Holzfußboden nicht wieder mit einem neuen Belag zuzudecken? Wenn die Nutzung des Raumes dies zuläßt, ist das sicher die umweltverträglichste Methode (zur Nutzung siehe ☞ Entscheidungsraster zur Auswahl von Fußböden, S. 126).

Die alten Beläge können Sie übrigens problemlos zum Haus- bzw. Sperrmüll geben. Lediglich asbesthaltige PVC-Beläge müssen als Sondermüll behandelt werden – aber deren Entsorgung erledigt der Fachbetrieb, der sie auch entfernt hat.

Pflegen

Das Bohnern von Linoleum gehört glücklicherweise der Vergangenheit an. Heute wird auf einen hochglänzenden Boden kaum noch Wert gelegt, so daß die Reinigung nicht nur einfacher, sondern auch umwelt- und gesundheitsverträglicher geworden ist.

Die **Versiegelung unbeschichteter Beläge mit einem speziellen Flüssigwachs** verleiht der Oberfläche einen matten Glanz und macht sie zugleich unempfindlich gegen eindringenden Schmutz. Diese Grundbehandlung sollte etwa einmal jährlich vorgenommen werden.

Egal, ob das Linoleum beschichtet ist oder nicht: Staubsaugen geht immer – am besten mit Bürstvorsätzen. Auch feuchtes Wischen vertragen die Beläge, vorausgesetzt, man nimmt keine Schmierseife oder andere stark alkalische Reinigungsmittel. Die greifen nämlich die Oberfläche an und führen damit zu dauerhaften gelblichen Verfärbungen. Am besten nehmen Sie *wenig* (!) Neutralreiniger für die Naßreinigung. Er bildet einen Schutzfilm, der das Eindringen von Schmutz in den Belag verhindert.

Ein großer Vorteil von Linoleum gegenüber seinen Kunststoffbrüdern ist, daß schwarze Absatzstreifen nicht in den Belag einwandern. Sie können leicht durch Reiben entfernt werden. Starke Verschmutzungen lassen sich von unbeschichteten Belägen problemlos mit Scheuersand entfernen. Daran sollten Sie allerdings eine Behandlung mit Flüssigwachs anschließen (s. o.).

Für diejenigen, die es doch lieber glänzend haben wollen, empfehlen die Hersteller von Linoleumböden die Behandlung des neuen Belags mit einer Selbstglanzemulsion oder einer Polymerdispersion. Es versteht sich schon fast von selbst, daß dies – wenn überhaupt – nur bei kunstharzbeschichteten Belägen sinnvoll sein kann. Außerdem sollte diese Behandlung wirklich nur dann vorgenommen werden, wenn der Glanz sichtbar nachläßt und auch nur auf den betroffenen Stellen. Auf keinen Fall dürfen die Mittel regelmäßig angewendet werden. Eine dicke unansehnliche Schicht auf der Belagsoberfläche wäre die Folge. Die zwangsläufige Belastung des Abwassers mit den Kunststoffzusätzen kann man aber auch ganz vermeiden, wenn man nicht allzu hohe Ansprüche an den oberflächlichen Glanz stellt.

III. Polyolefinbeläge

(preisgünstig / leicht zu verwirklichen)

Seit kurzer Zeit ist es für den privaten Verbraucher möglich, einen Kunststoff-Bodenbelag zu kaufen, der nicht aus PVC besteht. Die Hersteller haben sich dem Trend der Zeit angepaßt. Die neuen Beläge bestehen im wesentlichen aus Polyethylen und Polypropylen. Im Gegensatz zu PVC enthalten sie kein Chlor, das Produktion und Beseitigung besonders problematisch machen könnte. Leider sind sie nicht ganz so strapazierfähig.

Polyolefinbeläge bieten sich als umweltverträgliche Alternative besonders in denjenigen Bereichen des Hauses oder der Wohnung an, für die sich ein Linoleumbelag nicht eignet und andere Materialien zu teuer sind. Wer sich also Fliesen in Bad und Küche nicht leisten will oder Linoleum im Werkraum für übertrieben hält, findet in Polyolefinen ein passendes Material. Sie haben darüber hinaus den praktischen Vorteil, daß sie leicht selbst verlegt werden können.

Leider sind Polyolefinbeläge zur Zeit weder in Baumärkten noch im Fachhandel selbstverständlich zu bekommen, so daß etwas Geduld bei der Suche erforderlich sein kann. Sie sind als zwei oder vier Meter breite Bahnen erhältlich. Preislich liegen sie deutlich über PVC-Belägen. Während sehr einfache PVC-Beläge bereits ab DM 5,- pro m², bessere ab DM 15,- bis 50,- zu haben sind, werden für Polyolefinbeläge bislang noch mindestens DM 45,- pro m² verlangt. Die obere Grenze liegt bei etwa DM 60,-. Größere Nachfrage wird langfristig vermutlich einen Ausbau der Produktionskapazitäten und damit sinkende Preise nach sich ziehen.

Verlegen

Wie bei allen anderen Böden, sollten Sie auch vor dem Verlegen von Polyolefinbelägen prüfen, ob der Untergrund eben und unbeschädigt ist. Wenn dies nicht der Fall sein sollte, empfiehlt sich auf jeden Fall eine entsprechende Vorbehandlung (☞ Der richtige Untergrund, S. 134). Wird der neue Belag auf einem unbeschädigten alten verlegt, erübrigt sich das. Besonders bei größeren und unregelmäßig geschnittenen Räumen sollten Sie zudem einen Verlegeplan anfertigen, damit Sie möglichst wenig Verschnitt haben (☞ Verlegeplan anfertigen, S. 160)

Im Gegensatz zu Linoleum, das immer vollflächig verklebt werden muß, genügt es bei Räumen mit weniger als 20 m² die Polyolefinbeläge mit einer Fixierung aus **doppelseitigem Klebeband** an Rändern und Fugen mit dem Untergrund zu verkleben. Bei größeren Räumen wird ein sogenannter Fixierer auf Wasserbasis oder ein **doppelseitig klebendes Verlegenetz** eingesetzt. Alle diese Methoden ermöglichen die spätere leichte Wiederaufnahme des Belags mit dem Vorteil, daß der

Untergrund unbeschädigt bleibt und eventuelle Kleberreste leicht mit Wasser und Spülmittel entfernt werden können. Lediglich bei doppelseitigem Klebeband kann es vorkommen, daß beim Aufnehmen der Estrich beschädigt wird. Allerdings gibt es mittlerweile **wiederaufnehmbares Klebeband** zu kaufen. Wenn Sie den Belag durch einen Handwerker verlegen lassen wollen, sollten Sie auf jeden Fall die Verwendung eines wasserlöslichen Fixierers verbindlich vereinbaren. Es kann Ihnen sonst passieren, daß der Belag vollflächig fest verklebt wird, womöglich sogar mit einem – mittlerweile völlig überholten – lösemittelhaltigen Kleber. Das belastet nicht nur die Raumluft, sondern führt auch dazu, daß man den Belag später nicht entfernen kann, ohne den Estrich zu beschädigen. Bei Böden mit Fußbodenheizung bleibt Ihnen aber nichts anderes übrig, als den Belag vollflächig zu verkleben. Sonst würden Luftpolster den Wärmeübergang behindern. Sie sollten dann aber auf jeden Fall einen lösemittel- und weichmacherfreien Kleber verwenden (lassen). Achten Sie dabei auf die Kennzeichnung D1 nach dem GISCODE (Gefahrstoff-Informations-System).

Bevor Sie den Belag verlegen, sollten Sie ihm einen Tag lang Gelegenheit geben, sich zu akklimatisieren. Rollen Sie ihn dafür im Verlegeraum aus.

Werkzeuge: ◄—— **Sie brauchen**

- Teppichmesser (ca. DM 3,-)
- Metallschiene oder Stahllineal (ca. DM 50,-)
- Zollstock (vorhanden)
- Hammer (vorhanden)
- ggf. ein spezieller Kantenschneider (ca. DM 13,50 bis 40,-)
- Bohrmaschine

Sie brauchen ➤ **Verbrauchsmaterialien:**

- Trapezklingen für Teppichmesser (ca. DM 2,50 für 5 Stück)
- je nach Verlegeart: Doppelseitiges (wiederaufnehmbares) Klebeband (ca. DM 22,- für 25 m) oder Fixierer (ca. DM 40,- für 3 kg entspr. 13 - 15 m²) oder Verlegenetz
- ggf. Schaumstoffrolle zum Auftragen des Fixierers (ca. DM 11,-)
- Übergangsschienen nach Bedarf (ca. DM 12,- bis 22,- pro m)
- ggf. Fußleisten (DM 11,- bis 17,- pro 2,5 m für Leisten aus Holz)

So geht's ➤ Wenn Sie bei größeren Räumen ein selbstklebendes Verlegenetz zum Fixieren des Belags benutzen wollen, so müssen Sie dies zunächst auf dem Untergrund aufkleben. Entfernen Sie die obere Schutzfolie auf dem Netz jedoch zunächst noch nicht. Die nachfolgenden Arbeitsanweisungen gelten für alle Verlegearten gleichermaßen.

- Belag auslegen

Entfernen Sie zunächst alle eventuell vorhandenen Profilleisten. Legen Sie dann den Belag flächendeckend aus. Achten Sie dabei darauf, daß er parallel zu den entsprechend vorgesehenen Wänden liegt und auf allen Seiten mindestens zwei (für Ungeübte fünf) Zentimeter Übermaß hat. Wenn Sie mehrere Bahnen haben, so müssen sie sich um einige Zentimeter überlappen.

Es gibt eine ganze Reihe von Tricks, wie man möglichst perfekte Randabschlüsse hinbekommt. Wir wollen uns hier auf die Darstellung der einfachsten Methode beschränken. Wer jedoch nicht wild drauflos schneidet, kann eigentlich auch nicht viel falsch machen (er braucht vielleicht ein bißchen länger).

• Kanten zuschneiden

Schneiden Sie zunächst die Ecken des Belags V-förmig im rechten Winkel aus, so daß er, ohne Falten zu werfen, in die Kanten zwischen Boden und Wand eingepaßt werden kann. Klopfen Sie den Belag nun mit einem Hammerrücken in die Kante hinein und schneiden Sie mit dem Teppichmesser die Kante entlang. Wer einen saubereren Rand möchte, der sollte spezielle Kantenschienen benutzen, zwischen denen der Belag eingeklemmt und an deren oberen Rand er exakt gerade und in der richtigen Länge abgeschnitten wird. Das geht aber nur, wenn Sie absolut gerade Wände haben. Achten Sie bei weiteren Ecken oder Vorsprüngen darauf, daß Sie Entlastungsschnitte stets nur in den künftigen Verschnitt hineinschneiden. Mit einem Schraubendreher o. ä. läßt sich der Belag in Nischen fest in die Kante eindrücken. *Bedenken Sie bitte, daß Teppichmesser scharfe Werkzeuge sind und Verletzungsgefahr besteht!*

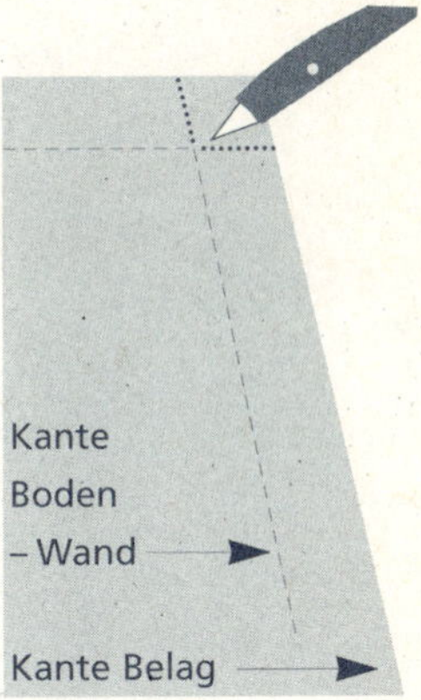

• Bahnen ansetzen

Wo sich die Bahnen überlappen, führen Sie entlang einer Stahlschiene oder eines Metallineals einen Schnitt durch beide Bahnen. So erhalten Sie exakt aneinander passende Schnittkanten. Achten Sie darauf, daß die Bahnen während des Schneidevorgangs genau parallel liegen und nicht gegeneinander verrutschen, sonst fehlt Ihnen später womöglich an irgendeiner Stelle ein Stück.

• Fixieren

Wenn Sie doppelseitig klebendes Klebeband verwenden, kleben Sie es zunächst am Außenrand und entlang der Stoßkanten zwischen den Bahnen auf den Untergrund. Danach wird die obere Schutzfolie entfernt und erst die eine, dann die andere Bahn aufgeklebt. Achten Sie darauf, daß die Bahnen unmittelbar nebeneinander zu liegen kommen. Achtung: Beim späteren Entfernen des Bandes kann der Estrich beschädigt werden, wenn Sie kein wiederaufnehmbares Klebeband verwenden!

Bei den vollflächig fixierenden Verlegemethoden müssen die Bahnen nur entlang der Stoßkanten mit einseitig klebendem Band von unten zusammengeklebt werden. Wenn Sie ein selbstklebendes Verlegenetz untergelegt haben, ziehen Sie nun die obere Schutzfolie ab und legen den Belag auf. Flüssigfixierung wird gemäß Gebrauchsanleitung mit einer Schaumstoffrolle dünn auf den Untergrund aufgetragen und dann der Belag aufgeklebt. Danach muß der Belag mit einem Reibeholz fest angerieben werden, damit eine feste und wellenfreie Verbindung entsteht.

- Abschließende Arbeiten

An denjenigen Stellen, wo der Belag in Türen zu angrenzenden Räumen hin endet, müssen Sie Übergangsschienen anbringen. Es gibt sie in Kunststoff und in Metall, wobei Metallschienen eine sehr viel größere Lebensdauer besitzen und besser aussehen. Achten Sie darauf, daß die Ausführung für das angrenzende Belagsmaterial geeignet ist. Die Übergangsschienen werden meist im Set mit Dübeln und Schrauben verkauft.

Etwas schwieriger sind Profilleisten zu handhaben, die den Übergang zwischen Belag und Fußleiste bzw. der Wand bilden. Messen Sie die erforderlichen Längen genau aus und schreiben sich dazu, wie das Ende gesägt sein soll (Winkel von 45° / Innen- oder Außenecke). Der Händler schneidet Ihnen die Leisten entsprechend zu.

Verlegeplan anfertigen

Zwei gute Gründe sprechen dafür, einen Verlegeplan zu erstellen, *bevor* Sie mit der Arbeit beginnen: 1. Sie wollen möglichst wenig Verschnitt haben und nicht unnötig Geld ausgeben. 2. Es sollen möglichst wenig Stoßfugen entstehen bzw. diese sollen unauffällig bleiben.

Gehen Sie also folgendermaßen vor: Zeichnen Sie den Grundriß des Raumes, den Sie auslegen wollen, maßstabsgerecht auf und markieren Sie die Hauptfensterfront. Das Verlegen beginnt immer an der Fensterseite, so daß die Breite des Belags der Breite der Fensterfront plus ca. zehn Zentimeter Zugabe entsprechen muß. Ist der Raum so geschnitten, daß dadurch unnötig viel Verschnitt oder ungünstige Stoßfugen entstünden, so können die Bahnen auch parallel zur Fensterseite ausgelegt werden. Dann entspricht die Länge der Bahnen der Breite der Fensterfront. Versuchen Sie, die Stöße zwischen zwei Bahnen möglichst so zu legen, daß sie später von Möbeln verdeckt werden. Auf keinen Fall sollten sie in stark strapazierten Bereichen zu liegen kommen. Berücksichtigen Sie beim Vermessen auch die Nischen in Türen, unter Fenstern oder an Heizkörpern. Auch hier gilt: Sollte dadurch allzuviel Verschnitt entstehen, so können Sie eine weniger auffällige Nische auch nachträglich mit einem Reststück auslegen. Achten Sie jedoch bei Teppichen darauf, daß der Flor überall im Raum die gleiche Richtung hat. Auch bei gleich ausgelegten Räumen, die aneinander angrenzen, sollten Sie dies berücksichtigen. Beim Kauf des Bodenbelags sollten Sie auf alle Maße zehn Zentimeter zugeben. Nichts wäre unangenehmer, als wenn Ihnen später irgendwo ein Stück fehlte.

Pflegen

Kunststoffbeläge sind die pflegeleichtesten Bodenbeläge überhaupt. Kein Bohnern und keine Schmierseife – Staubsaugen und feuchtes Wischen mit wenig Neutralreiniger genügen. Besondere Pflegemittel kann man sich sparen. Leichter geht's nicht.

IV. Gummibeläge

(strapazierfähig / leicht zu verwirklichen)

Gummi- oder Kautschukbeläge haben aufgrund ihrer außerordentlich großen Robustheit eine kleine Nische im privaten Wohnbereich erobert. Im Gegensatz zu anderen flexiblen Böden sind sie nur einfarbig erhältlich. Frostsichere Modelle können auch auf Terrassen oder Balkonen eingesetzt werden. Ihre Unempfindlichkeit (sie werden hauptsächlich als Industriefußböden eingesetzt) prädestiniert sie besonders für Werkräume. Sie sind aber auch in Hobbyräumen oder auf Fluren und Treppen gut zu verwenden. Wer will, kann sich einen Gummibelag auch in die Küche legen. Nachteilig gegenüber den anderen glatten Belägen ist die Tatsache, daß Gummibeläge stets vollflächig verklebt werden müssen. In trockenen Räumen kann das mit lösemittelfreiem Dispersionskleber gemacht werden. In Außen- und Naßbereichen wird dafür ein feuchtigkeitsbeständiger Zwei-Komponenten-Polyurethankleber benötigt, der zumindest die Gesundheit der Person beeinträchtigen kann, die ihn verklebt. Deshalb empfehlen wir Ihnen auch nicht die Verlegung im Bad, obwohl sich das Material selbst grundsätzlich dafür eignet. Um die Rutschgefahr zu verringern, sollten Sie den Belag stets mit einer strukturierten Oberfläche wählen. Wegen seiner geringen Wärmedurchlässigkeit ist Gummi grundsätzlich nicht für fußbodengeheizte Räume geeignet.

Für die Gesundheit der Bewohner *können* Gummibeläge problematisch sein. Dabei ist es gleichgültig, ob sie aus Natur- oder synthetischem Kautschuk hergestellt wurden. Während natürlicher Kautschuk allergieerzeugende Stoffe enthält, können aus synthetischem Material organische Stoffe in die Raumluft ausgasen. Es gibt sogar Beläge mit dem Umweltzeichen. Sie bestehen zu mindestens 70 % aus Altgummi. Die Vergabekriterien beinhalten auch besonders strenge Anforderungen an den Schadstoffgehalt. In jedem Fall sollten Sie bei einem Kauf prüfen, ob der Geruch Ihnen nicht unangenehm ist.

Gummibeläge sind mit Preisen von ca. DM 60,- bis 75,- pro m^2 nicht gerade billig. Leider ist es immer noch recht schwer, sie zu bekommen. Am besten wenden Sie sich an den Fachhandel.

Verlegen

Zusätzliches Verbrauchsmaterial:
- Lösemittelfreier Dispersionskleber (GISCODE D 1) (ca. DM 40,- für 2,5 kg entspr. 11 bis 13 m^2)

Das Verlegen von Gummibelägen erfolgt analog dem von Polyolefinbelägen (☞ Polyolefinbeläge / Verlegen, S. 156). Einziger, aber wichtiger Unterschied: In (trockenen) Innenräumen müssen Sie zum Verkleben einen (lösemittelfreien) Dispersionskleber verwenden. Achten Sie dabei darauf, daß es sich um einen nach dem GISCODE (Gefahrstoff-Informations-System) mit D 1 gekennzeichneten Kleber handelt! Er wird nach dem Auslegen und Zuschneiden des Belags gemäß Anleitung mit einem Zahnspachtel stückweise auf den Untergrund aufgebracht. Der Belag wird dann mit einem Reibholz darauf angerieben.

Pflegen

Was die Pflege angeht, gilt für Gummibeläge das gleiche wie für die anderen glatten Beläge. Auch hier sollten Sie wegen der Rutschgefahr nicht bohnern und keine Schmierseife verwenden, weil diese den Boden angreift und langfristig sogar zerstört.

V. Korkbeläge

(behaglich / ästhetisch)

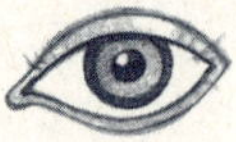

Kork bietet nicht nur einige sehr positive Gebrauchseigenschaften, es handelt sich auch um ein umweltschonendes, nachwachsendes Material. Bei steigender Nutzung des Rohstoffs Kork wird jedoch auch dieser zu einer knappen Ressource (deshalb werden Flaschenkorken gesammelt). Wir wollen deshalb nicht zu einem verschwenderischen Umgang damit einladen, sondern – wie schon bei den anderen Bodenbelagsarten – besonders auf die optimalen Einsatzbereiche hinweisen, in denen dieses Material zudem eine lange Lebensdauer erwarten läßt.

Kork dämmt Schall so gut wie Wärme. Daher ist er ein optimaler Belag in Kinderzimmern, aber ungeeignet für Fußbodenheizungen. Seine Resistenz gegen Fäulnis zeichnet ihn als guten Belag für Badezimmer aus. Auch für Küchen oder Wohnzimmer und selbst für Schlafzimmer eignet er sich. Auf keinen Fall sollte er jedoch in Bereichen verlegt werden, die stark strapaziert werden, wie Flure und Treppen oder Arbeitszimmer.

Die Preise für Korkbeläge liegen zwischen DM 25,- und 55,- pro m^2.

Auswählen

Kork können Sie als Platten in Größen von 23 x 23 cm bis 48 x 48 cm und 4 bis 8 mm Dicke kaufen. Ob der Boden mit seiner natürlich schönen Struktur und Farbe unbedingt als eingefärbte Ware gekauft und verlegt werden muß, soll jeder selbst entscheiden. Wichtig ist allerdings, daß Kork in sehr unterschiedlichen Qualitäten, ohne oder auch mit den verschiedensten Beschichtungen, angeboten wird.

Bei seiner Produktion wird das Korkschrot, oft unter Zugabe synthetischer Bindemittel, zu Blöcken verpreßt. Je nach Art und Menge der verwendeten Harze können im Gebrauch hohe Formaldehyd-Emissionen die Folge sein. Umwelt- und gesundheitsschonender ist dagegen das Verpressen unter Erwärmung ohne künstliche Bindemittel. Dabei wird aus dem Kork natürliches Harz ausgetrieben, das dann die Stücke miteinander verbackt. Leider bietet dies allein keine Gewähr für Schadstofffreiheit. Wird dabei nämlich zu stark geheizt – z. B. um den Vorgang zu beschleunigen – dann beginnen die natürlichen Bestandteile sich zu zersetzen. Dabei entstehen u. a. krebserzeugende Verbindungen, wie polycyclische aromatische Kohlenwasserstoffe. Da hilft nur, nicht die erstbesten (und billigsten) Korkplatten zu kaufen, sondern auf gute Qualität zu setzen, die aber auch ihren Preis hat. Die Hersteller von Naturprodukten verfügen über entsprechende Angebote. Wer ganz sicher gehen will, der kann sich zusätzlich nach dem vom TÜV Rheinland vergebenen „TOXPROOF-Zeichen für Kork-Bodenbeläge" umsehen. Produkte mit diesem Zeichen müssen bestimmte Grenzwerte für eine Reihe von Schadstoffen einhalten. Dazu gehören auch Konservierungsmittel und Formaldehyd.

Die Wahl eines Bodenbelags von einem Naturprodukt-Hersteller hat noch einen weiteren Vorteil: Sie brauchen sich keine Gedanken über problematische Beschichtungen der Korkplatten machen. Es gibt sie als konventionelle Ware nämlich auch mit einer Polyurethan- oder sogar PVC-Beschichtung. Das wäre einerseits zwar immer noch umweltfreundlicher als ein vollständig aus solchem Kunststoff bestehender Belag, ist aber andererseits völlig überflüssig, wenn man das Material nicht in allzu stark strapazierten Bereichen verlegt (s. o.). Auch widerspricht es der Philosophie derjenigen, die gerade deswegen Kork wählen, weil es sich um ein natürliches Material handelt. Akzeptabel ist in diesem

Sinne ein mit Naturwachsen behandeltes Produkt, weil auch unbehandelte Korkplatten ohnehin nach dem Verlegen imprägniert und gewachst werden müssen. Übrigens: Die in diesem Zusammenhang oft erwähnte sogenannte Atmungsaktivität – oder besser: Fähigkeit zur Aufnahme und Abgabe von Luftfeuchtigkeit – sollte in bezug auf glatte Fußböden nicht überbewertet werden. Meist steht sie in Konkurrenz zur Strapazierfähigkeit des Bodens. Wer bei den anderen Oberflächen im Raum, den Wänden und Decken oder vielleicht auch Möbeln, verstärkt darauf achtet, der braucht beim Fußboden nicht allzuviele Gedanken daran zu verlieren.

Seit einiger Zeit ist auch Korkfertigparkett erhältlich. Abgesehen davon, daß die meisten Produkte dieser Art mit Kunstharzen versiegelt sein dürften, sollte man sich vor einem Kauf darüber im klaren sein, daß es sich lediglich um eine dünne Korkschicht auf einem Träger aus Holzfaserplatten handelt. Das birgt zum einen das zusätzliche Risiko von Formaldehydemissionen, zum anderen wird es eine teure und wenig ressourcenschonende Angelegenheit, wenn der Korkbelag nach einigen Jahren verschlissen ist und dann alles wieder herausgerissen oder mit einem anderen Belag zugedeckt werden muß.

Verlegen

Vor der Verarbeitung müssen die Korkplatten einige Tage lang in den entsprechenden Räumen gelagert werden, damit sie sich akklimatisieren. Öffnen Sie dafür lediglich die Verpackungen. Ausgepackte Platten können sich wölben. Da es sich um ein Naturmaterial handelt, haben die Platten mitunter eine leicht unterschiedliche Färbung. Am besten mischen Sie sie, um diesen Effekt etwas auszugleichen.

Sie brauchen

Werkzeuge:
- Teppichmesser (ca. DM 3,-)
- Zollstock (vorhanden)
- Zahnspachtel (ca. DM 5,- für einen Satz)
- Breiter Ziehspachtel (Lackspachtel) (ab DM 3,20) und Schaumstoffrolle (ca. DM 11,-) oder Bürstenmaschine (ausleihen; ca. DM 50,- pro Tag)
- ggf. Bohnerbesen (ca. DM 80,-)

Verbrauchsmaterialien:
- Ersatzklingen für Teppichmesser (Trapez und Haken) (ca. DM 2,50 bis 4,- für je 5 Stück)
- lösemittelfreier Korkkleber für Fußböden (ca. DM 15,- für 0,8 kg entspr. 2,5 - 3 m^2 bis DM 70,- für 4,5 kg entspr. 20 m^2)
- Hartwachsöl (ca. DM 29,- für 0,75 l entspr. 15 m^2 bis ca. DM 100,- für 2,5 l entspr. 30 m^2) oder Leinölfirnis (ca. DM 11,- pro l) und Hartwachs (ca. DM 30,- pro l Kaltwachs entspr. 33 m^2 bis DM 70,- pro l Heißwachs entspr. 17 m^2)
- saugfähiges, fusselfreies Tuch (vorhanden)

So geht's

Der Untergrund muß eben, unbeschädigt und fettfrei sein (☞ Alte Beläge aufnehmen, S. 151 und ☞ Der richtige Untergrund, S. 134). Die Platten müssen auf Stoß und fest mit dem Untergrund verklebt werden. Dafür eignet sich am besten ein lösemittelfreier Korkkleber. Achten Sie darauf, daß es sich dabei um Korkkleber *für Fußböden* handelt. Solcher für Wände oder Decken ist nicht genügend belastbar. Nach dem Kleben darf der Boden 36 Stunden lang nicht betreten werden. Verlegen Sie Korkplatten nicht mit Kreuzfugen, sondern versetzt. Sonst lösen sich später die Ecken vom Boden ab. Etwaige Unebenheiten sollten Sie mit einem Schwingschleifer oder mit Schleifpapier (P 180) und -klotz beseitigen und den Schleifstaub absaugen.

Im Anschluß daran muß ein unbehandelter Korkbelag noch mit Hartwachsöl imprägniert werden, damit er Schmutz und mechanischer Beanspruchung widerstehen kann. Tragen Sie einen ersten Anstrich mit einem breiten Ziehspachtel auf und verteilen Sie ihn gleichmäßig dünn auf der gesamten Fläche. Nach einer Trocknungszeit von mindestens 24 Stunden unter guter Belüftung wird mit einer Schaumstoffrolle der zweite Anstrich aufgetragen. Während das Öl beim ersten Anstrich sofort vom Belag aufgenommen wurde, bleibt es nun auf dem Boden stehen. Achten Sie deshalb darauf, daß Sie es nur sehr dünn auftragen, sonst klebt der Belag später. Überstehendes Öl wischen Sie sofort mit einem fusselfreien Tuch ab. Bevor der Boden betreten werden kann, müssen Sie abermals mindestens 24 Stunden warten. Wer's glänzend mag, der kann jetzt mit einem Bohnerbesen die Oberfläche noch polieren. Im Verlauf der nächsten zwei bis drei Wochen härtet das Öl dann endgültig aus. Wer sehr große Flächen zu behandeln hat, der sollte sich eine professionelle Bürstenmaschine zum Aufbringen des Hartwachsöls ausleihen: Damit geht die Behandlung schneller und der Auftrag wird gleichmäßiger.

Eine weitere Methode der Oberflächenbehandlung von Korkböden ist das **Ölen und Wachsen.** Dabei wird in ein bis drei Arbeitsgängen Holzöl oder Leinölfirnis mit einer dickflorigen Lammfellrolle oder einer Streichbürste naß in naß satt auf den Boden aufgetragen und das überstehende Öl mit einem Flächenstreicher oder einem anderen Gummiwischer abgezogen. Nach mindestens 24 Stunden Trocknungszeit unter guter Belüftung wird dann das Wachs aufgetragen. Dabei können Sie Kalt- oder Heißwachs verwenden. Kaltwachs wird von Hand aufgetragen. Achten Sie darauf, daß die Wachsschicht sehr dünn bleibt, damit sie später nicht klebt. Eine andere Methode ist der maschinelle Auftrag von Heißwachs. Ein entsprechendes Gerät können Sie sich dort ausleihen, wo Sie auch das Wachs bzw. andere „biologische" Baustoffe bekommen. Achtung: Diese Art von Wachs kann Citrusterpene enthalten, auf die einige Menschen allergisch reagieren. Auf jeden Fall sollten Sie überprüfen, ob Sie den Geruch insoweit als angenehm empfinden, daß Sie ihn dauerhaft in Ihrer Wohnung haben wollen.

Beim Wachsauftrag von Hand müssen Sie – je nach Material – nach einer Trocknungszeit von 8 bis 48 Stunden den Boden noch polieren. Sie können das mit einem Bohnerbesen leicht selbst tun. Bei kleineren Flächen genügt auch ein Polierkissen oder ein Ballentuch. Wer es perfekt haben will, der leiht sich eine Poliermaschine aus – das empfiehlt sich besonders dann, wenn Sie das Wachs maschinell aufgetragen haben.

Pflegen

Kosten: je nach Pflegeaufwand
(ca. DM 15,- für 1 l Pflegewachs)

Mit Kunstharzen versiegelte Korkbeläge können wie z. B. Polyolefinbeläge gereinigt werden, also Staubsaugen und feucht Wischen mit wenig Neutralreiniger. Auf keinen Fall sollten Sie bohnern oder mit Schmierseife reinigen! Mit Wachs behandelte Oberflächen werden mit einem Staubsauger (am besten mit Bürstvorsätzen) abgesaugt und ebenfalls mit wenig Neutralreiniger im Wischwasser feucht gereinigt. Sogenannte Schmutzstraßen, die sich auf diese Weise nicht entfernen lassen, können Sie mit Balsamverdünnung aus dem Natur-Fachhandel zu Leibe rücken. *Da es sich dabei um – wenn auch natürliche – Lösemittel handelt, sollten Sie auf jeden Fall nur bei geöffneten Fenstern arbeiten und Kinder fernhalten, bis der Geruch verschwunden ist.*

Tragen Sie bei Arbeiten mit Lösemitteln stets Gummihandschuhe! Besonders empfindliche Personen oder Schwangere sollten überhaupt nicht damit arbeiten!

Eine Wachsschicht tritt sich im Lauf der Zeit ab. Um einer tiefgehenden Verschmutzung oder sogar Beschädigung des Bodens vorzubeugen, sollten Sie sie etwa einmal im Jahr erneuern.

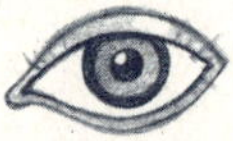

VI. Holzfußböden

(strapazierfähig / ästhetisch)

Ein Holzfußboden wird von den meisten Menschen als besonders edel oder gemütlich empfunden. Außerdem ist er fußwarm und bei richtiger Materialauswahl und Pflege sehr langlebig.

Grundsätzlich sind Holzfußböden für alle Räume des Hauses oder der Wohnung mit Ausnahme von Küchen, Werkräumen, Bädern und anderen Feuchträumen geeignet. Manch einer wird allerdings einen Holzboden im Arbeitszimmer für unnötigen Luxus halten. In Bereichen, die sehr hoher Belastung ausgesetzt sind, wird man allenfalls dann gut mit einem Holzboden leben können, wenn die Oberfläche mit einer Kunstharzoberfläche hart versiegelt ist. Andernfalls kann man sich mit dem Gedanken vertraut machen, jedes halbe Jahr eine Oberflächenbehandlung vorzunehmen. Unter ökologischen Gesichtspunkten wäre auch das – wegen des zusätzlichen Verbrauchs an Behandlungsmitteln – nicht unbedingt wünschenswert. Nicht optimal ist ein Holzboden bei Fußbodenheizungen. Dennoch gibt es dafür geeignete Produkte. Sie bieten immerhin meistens eine bessere Wärmedurchlässigkeit als z. B. Teppiche. Zu den verschiedenen Arten und Preisen von Holzböden siehe ☞ Produktübersicht Holzfußböden (S. 175).

Auswählen

Wer vor der Entscheidung steht, einen neuen Fußboden auszuwählen, dem mag der Preis für einen qualitativ hochwertigen Holzboden hoch erscheinen. Wenn man allerdings in Rechnung stellt, daß ein solcher Boden auch bis zu 40 Jahre hält, dann relativiert sich dieser Preis wieder. Die Lebensdauer von Holzfußböden wird lediglich von Fliesen oder Naturstein übertroffen und allenfalls von Linoleum erreicht, wobei Laubhölzer grundsätzlich härter als Nadelhölzer sind. Lassen Sie sich unter diesem Aspekt aber keine Tropenhölzer aufschwatzen. Sie sind zwar vielfach härter als europäische Holzarten, mit einer nachhaltigen Wirtschaftsweise ist ihre Verwendung dennoch oft nicht vereinbar, da der Tropenholzabbau sehr viele ökologische und soziale Schäden nach sich zieht. Im Gegensatz zu heimischen Hölzern handelt es sich bei Tropenholz meist nicht um eine nachwachsende Ressource. Holz mit Namen wie „Wengé" oder „Kambala" sollten Sie deshalb meiden. Informieren Sie sich genau darüber, um welches Holz es sich handelt und kaufen Sie nichts, mit dessen Namen Sie nichts verbinden können. Eine Ausnahme stellt Holz dar, das vom „Forest Stewardship Council" (FSC) zertifiziert und mit dem entsprechenden Siegel versehen wurde. Es handelt sich dabei nachweislich um nachhaltig und sozialverträglich geschlagenes Tropenholz. Der hohe Energieverbrauch für den weiten Transport bleibt davon natürlich unberührt.

Ein schöner Holzfußboden ist eine Entscheidung fürs Leben. Mieter sind in der Regel schlecht beraten, wenn sie sich dafür entscheiden. Eine Ausnahme mag vielleicht mit Bügeln verlegtes Fertigparkett sein. Es kann – beispielsweise bei einem Umzug – aufgenommen und in der neuen Wohnung wiederverwendet werden.

„Und was ist mit billigen Holzfußböden?" Ein Problem bei diesen Angeboten ist leider, daß sie oft von keiner besonders guten Qualität sind. Fast immer handelt es sich dabei um sogenannte **„Fertig-", „Echtholz-"** oder **„Feinholzböden"**. Das sind Produkte mit einem Unterbau aus Span- oder Holzfaserplatten und einer zwar sehr harten, aber auch sehr dünnen Schicht aus Holzfurnier. Diese Oberflächen mögen noch so strapazierfähig sein – wenn sie einmal beschädigt werden oder die Schicht abgelaufen ist, kann man sie nur noch herausreißen oder mit einem Bodenbelag überdecken. Im Gegensatz zu jedem anderen Holzfußboden lassen sie sich nicht durch Abschleifen wiederherstellen. Das gleiche gilt für **Laminatböden**, die sich seit einigen Jahren steigender Beliebtheit erfreuen. Deren Deckschicht besteht noch nicht einmal aus echtem Holz. Was so aussieht, ist eine Dekorschicht aus Papier, die Holz- oder auch andere Materialien (z. B. Marmor) lediglich imitiert. Da sich darüber eine reine Kunstharzschicht befindet, ist ein solcher Boden eigentlich nichts anderes als ein unflexibler Kunststoffbelag. Übrigens darf er sich aus diesem Grund auch nicht „Parkett" nennen. Fairerweise sollte ein Laminatboden deshalb auch nicht mit einem Holzboden, sondern mit einem Kunststoffbelag verglichen werden. Man wird dann schnell feststellen, daß es mit der Geldersparnis nicht sehr weit her ist. Im ökologischen Vergleich schneiden sie immer schlecht ab: Gegenüber Holzfußböden wegen ihrer geringen Lebensdauer – zumal sie nicht überarbeitet werden können – gegenüber flexiblen glatten Böden aufgrund des höheren Materialverbrauchs bei der Herstellung. Im übrigen dürfen Laminatböden noch nicht einmal naß gereinigt werden. Wenn Sie mit einem Laminatboden liebäugeln, weil Sie nicht das Geld für einen echten Holzboden ausgeben wollen, dann schauen Sie sich als mögliche Alternative doch einmal Linoleum an. Sie werden überrascht sein, wie viele ansprechende Dekors es mittlerweile gibt.

Holzböden gibt es in verschiedenen Qualitäten und Ausführungen. Wenn Sie auf eine besonders niedrige Formaldehydabgabe Wert legen, dann sollten Sie einen Boden aus Massivholz wählen. Es gibt auch Böden mit einem Unterbau aus Span- oder Holzfaserplatten, die wegen ihrer besonders geringen Formaldehydabgabe den „Blauen Umweltengel" bekommen haben. Wenn Sie sich für einen Holzboden entscheiden, dann stehen Sie vor der Qual der Wahl. Um Geschmack und Geldbeutel in Einklang miteinander zu bringen, mag Ihnen unsere ☞ Produktübersicht Holzfußböden (S. 175) Hilfestellung bieten. Sie ist aber kein Ersatz für die eigene Anschauung. Sehen Sie sich so viele Muster wie möglich an, und treffen Sie Ihre Entscheidung sorgfältig. Dieser Boden soll Sie eine sehr lange Zeit tragen.

Es gibt auch pragmatische Entscheidungsgründe, die nicht vernachlässigt werden sollten. So richtet sich die Auswahl des Bodens danach, wie der **Unterboden** konstruiert ist. Dielen z. B. lassen sich nur auf Lagerhölzern, alten Dielen – soweit eben genug – und Verlegeplatten verlegen. Blanker Estrich müßte zunächst entsprechend hergerichtet werden. Damit eignen sich Dielen bevorzugt für Dachausbauten. Ein weiteres Kriterium ist die **Art der Verlegung**. Traditionelles Parkett in Form von Parkettstäben, -riemen, als Mosaikparkettlamellen oder auch Tafelparkett ist nicht zur Selbstverarbeitung gedacht. Es muß durch einen Fachbetrieb verlegt werden. Das gleiche gilt für das seltene und extrem langlebige Holzpflaster. Alle Fertigparkette und auch Dielen können Sie dagegen bei etwas handwerklichem Geschick selbst verlegen und so eine Menge Geld sparen.

Die Auswahl des Holzbodens bestimmt, welche Verlegetechnik möglich ist. Einen Überblick darüber können Sie sich mit unserer ☞ Übersicht Holzfußböden optimal verlegen (S. 180) verschaffen. Achten Sie auch darauf, daß bei vorhandener Fußbodenheizung nur das

Verkleben möglich ist (☞ Mosaikparkett (Tafelparkett) vollflächig verkleben, S. 183). Die Verlegetechnik hat ihrerseits ökologische und gesundheitliche Aspekte. Wenn man die Möglichkeit dazu hat, ist ein mechanisches Befestigen des Bodens stets vorzuziehen. Schwimmende Verlegung eignet sich – wo möglich – fast ebenso gut. Im ersten Fall wird kein, im zweiten nur wenig Klebstoff verwendet. Außerdem läßt sich der Boden später leichter aufnehmen. Wenn Sie den Belag verkleben – heutzutage meist auch bei echtem Parkett üblich – sollten Sie stets den für den betreffenden Boden empfohlenen Kleber benutzen. So sind Sie weitgehend vor bösen Überraschungen gefeit, haben aber andererseits keinen Einfluß auf die Inhaltsstoffe.

Wer selbst verlegt, spart in aller Regel auch die Arbeit, den neuen Fußboden zu beschichten. Die Oberfläche von Fertigparkettelementen ist fast immer bereits versiegelt. Auch Dielen gibt es entsprechend behandelt zu kaufen. Eine andere Oberflächenbeschichtung fertig behandelter Böden ist die mit Hartwachs. Wer selbst die Kontrolle über die verwendeten Mittel behalten will oder besondere Vorstellungen hat (z. B. „biologische" Behandlung), der kann unbehandelte Dielen und gelegentlich auch solches Fertigparkett kaufen (☞ Oberflächenbehandlung von Holzfußböden, S. 187 und ☞ Renovieren der Oberfläche, S. 194).

Eine Übersicht über die Preisspannen verschiedener Holzfußböden finden Sie nebenstehend in unserer Produktübersicht Holzfußböden.

PRODUKTÜBERSICHT HOLZFUSSBÖDEN

Bodenart	Material	Oberfläche	Lieferformen	Preis (DM pro m²)
Dielen			(versch. Längen)	
Hobeldielen (Massivholz-dielen)	massiv, meist Nadelholz	unbehandelt oder behandelt	95 - 180 mm breit 19,5 - 35,5 mm dick (bis 70 mm)	ca. 35,- bis 200,-; 60,- bis 230,- mit Verlegung
Naturholz-dielen	drei massive Nadelholzschichten (verleimt)	mit Hart-wachsöl behandelt	192 mm breit 15 mm dick	ca. 110,- bis 140,- (140,- bis 170,- mit Verlegung
Landhaus-dielen	mehrschichtig; Mittelschicht Spanplatte oder Sperrholz, Nutzschicht Nadelholz oder Eiche	mit Acryllack versiegelt oder mit Hartwachsöl behandelt	155 - 205 mm breit 10 -14 bzw. 22 mm dick	ca. 60,- bis 160,-; 90,- bis 190,- mit Verlegung
Parkett				
Parkett-riemen / -stäbe	massiv, meist Eiche, Rotbuche, Kiefer, Esche o. a.	unbehandelt	Hölzer: 45 - 80 mm breit, 8 - 32 mm dick	ca. 100,- bis 250,- mit Verlegung
Mosaik-parkett / Tafel-parkett	massiv / furniert wie oben („Natur"/„Rustikal"/„Gestreift")	unbehandelt	wie oben, zu Platten verbunden	ca. 20,- bis 200,-; 70,- bis 250,- mit Verlegung
Fertig-parkett	mehrschichtig; Mittelschicht massiv, Spanplatte oder Sperrholz, Nutzschicht massives Holz	versiegelt oder mit Hartwachsöl behandelt	quadratisch: 20 - 65 cm; rechteckig: 10 - 24 x 120 cm	ca. 30,- bis 90,-; ca. 100,- (wieder-aufnehmbar); 60,- bis 120,- mit Verlegung
Holz-pflaster	massiv, meist Kiefer oder Eiche, auch Fichte, Lärche u.a.	versiegelt oder mit Hartwachsöl behandelt	Klötzchen: 22 - 30 mm hoch (bei Modernisierungen)	ca. 35,- bis 110,- (65,- bis 140,- mit Verlegung)

Verlegen

Nageln / Schrauben von Dielen und Fertigparkett

Sie brauchen → **Werkzeuge:**

- Hammer (vorhanden)
- Bohrmaschine
- Wasserwaage (ca. DM 7,-)
- Richtscheit (ca. DM 5,- für 4 m)
- Senker für Nägel (DM 4,50 bis 5,90)
- Feine Handsäge (ca. DM 7,-) oder elektrische Kapp- oder Stichsäge (vorhanden / ausleihen)
- Zugeisen (ca. DM 22,-)
- ggf. Spanplatten oder Holzbohlen (für die Sicherheit)

Verbrauchsmaterialien:

- eine große Menge Nägel oder Schrauben (ca. DM 10,- bis 20,- für 1.000 Stück)
- Filzstreifen
- Fußleisten (DM 11,- bis 17,- für 2,5 m, aus Holz); (mit Schrauben und Dübeln);
- ggf. Übergangsprofile (ca. DM 12,- bis 22,- pro m bis ca. DM 50,- für Anpaßprofile)
- Holzkeile (ca. DM 7,- für 12 Stück)
- ggf. Lagerhölzer

So geht's → Gleichgültig, ob Dielen oder Fertigparkett – beides muß vor dem Verlegen Gelegenheit haben, sich zu akklimatisieren. Legen Sie das Material dazu etwa zwei Tage lang offen oder mit geöffneter Verpackung in dem Raum aus, in dem es verlegt werden soll.

Auf Deckenbalken lassen sich am besten Massivholzdielen und auch dicke Landhausdielen (> 21 mm) verlegen. Dabei ist die Dicke der Dielen abhängig vom lichten Abstand zwischen den Balken. Während 24 mm dicke Dielen noch Abstände von 60 cm erfordern, brauchen 21 mm dicke maximal 50 cm Abstand, sonst biegen sie sich bei Belastung zu weit durch. Wenn Sie Balken mit zu großen Abständen vorfinden, so müssen Sie sich mit einer sogenannten **Konterlattung** behelfen. Sie wird mit geringeren Abständen quer auf die bestehenden Balken aufgenagelt. *Achtung: Versuchen Sie nicht, irgendwelche Arbeiten auf den Balken balancierend auszuführen. Sie könnten sich unversehens im nächsttieferen Stockwerk wiederfinden. Legen Sie zu Ihrer Sicherheit statt dessen Spanplatten o. ä. aus.* Zur Verbesserung der Trittschalldämmung sollten Sie auf jeden Fall Filzstreifen zwischen Balken und Dielen legen. Da die Balken wahrscheinlich nicht ganz in der Waage sind, müssen Sie mit einer Wasserwaage und einem Richtscheit noch herausfinden, an welchen Stellen Sie die Balkenoberflächen mit Holzklötzchen ausgleichen müssen, damit der neue Dielenboden eben wird.

Um Dielen oder auch Fertigparkett auf Estrich bzw. anderen glatten Untergründen befestigen zu können, müssen Sie zunächst Lagerhölzer verlegen (mit Ausnahme von Landhausdielen; ☞ Schwimmende Verlegung von Landhausdielen / Fertigparkett, S. 181). Entsprechend der Verlegung auf Deckenbalken bestimmt die Dicke der gekauften Dielen den Abstand zwischen den Lagerhölzern. Auch sollten Fertigparkettplatten nicht zwischen ihnen „hindurchfallen“. Prüfen Sie in jedem Fall, ob die Lagerhölzer in der Waage sind. Das ist insbesondere bei Fertigparkett unbedingt notwendig! Bei der Verlegung auf Lagerhölzern werden die Dämmstreifen zwischen Untergrund bzw. Wand und Lagerhölzer gelegt. Im übrigen sind die im folgenden beschriebenen Arbeiten für das Verlegen auf Deckenbalken oder auf Lagerhölzern identisch.

Die Längsfugen der Dielen bzw. des Parketts sollten parallel zum Lichteinfall verlaufen. So fallen sie später weniger auf. Beginnen Sie in einer an der Fensterseite des Raumes gelegenen Ecke und arbeiten Sie dann in

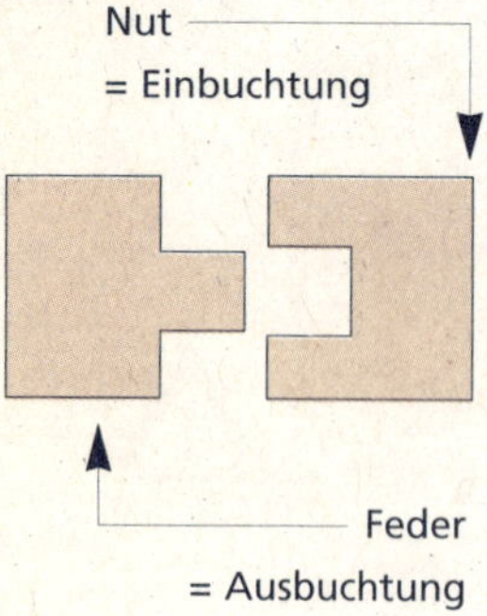

Richtung auf die Tür. Stellen Sie vorher fest, ob die Wände wirklich parallel verlaufen. Wenn das nicht der Fall sein sollte, müssen Sie bereits bei der ersten Dielen- bzw. Parkettreihe einen Ausgleich schaffen, indem Sie die Elemente entsprechend zusägen. Das gleiche gilt für den Fall, daß die letzte Reihe zu schmal würde. Bei der ersten Dielenreihe müssen Sie mindestens die Feder abschneiden. Verlegen Sie die erste Diele so mit der beschnittenen Seite zur Wand, daß sie einen Abstand von mindestens 1 bis höchstens 1,5 cm von ihr hat. Dieser Abstand muß an allen Wänden eingehalten werden. Er dient als Dehnungsfuge und ist erforderlich, damit der Holzboden „arbeiten" kann. Als Abstandhalter fungieren kleine Holzkeile. Die Fuge wird später mit einer Holzleiste abgedeckt. Nageln oder schrauben Sie mit der Bohrmaschine schräg die untere Nutwange der Diele auf dem Balken bzw. Lagerholz fest. Beim Verschrauben müssen Sie die Diele vorbohren, damit das Holz nicht reißt. Versenken Sie die Nägel (mit einem Senker) bzw. die Schrauben dabei ganz! Schließlich soll die Feder der benachbarten Diele noch in die Nut hineinpassen. Seien Sie dabei vorsichtig, damit Sie die Dielenoberfläche nicht beschädigen. Es wäre doch schade, wenn der „nagel-"neue Fußboden gleich Macken bekäme. Der Rest ist einfach: An das freie Kopfende der Diele wird die nächste – Feder in Nut – angesetzt. An der gegenüberliegenden Wand angekommen, sägen Sie das letzte Brett der Reihe mit einer feinen Handsäge passend zu. Denken Sie dabei an die Dehnungsfuge! Wer hat, der kann dazu auch eine elektrische Stich- oder Kappsäge nehmen. Das Reststück bildet den Anfang der nächsten Dielenreihe. Dadurch werden die Reihen gegeneinander versetzt, so daß die Querfugen nicht nebeneinander liegen.

Bei **quadratischen Fertigparkettplatten** ist das natürlich anders. Hier müssen die Fugen in einer Linie sein. Die Elemente der neuen Reihe werden zuerst mit der Feder der kurzen Stirnseite in die Nut des benachbarten Elements, dann mit der Feder der langen Seite in die Nut der Vorgängerreihe kräftig, aber vorsichtig eingeschoben und auf dem Lagerholz bzw. dem Deckenbalken angenagelt. Bei der letzten Reihe angekommen, legen Sie die Dielen, die den Abschluß bilden sollen, genau auf die vorletzte Dielenreihe. Darauf wiederum legen Sie in solcher Weise eine Diele, daß sie wieder einen Abstand von 1 bis 1,5 cm zur Wand hat (Keile). Jetzt können Sie mit dem Bleistift eine Linie anzeichnen. Entlang dieser Linie müssen Sie sägen, dann paßt es genau. Setzen Sie die letzten Dielen mit Feder in Nut an, haken Sie das Zugeisen ein und klopfen Sie sie mit dem Hammer fest. Abschließend nageln Sie noch die Fußleisten an. Das war's dann auch schon.

Wer **unbehandelte Dielen** gekauft hat, der muß jetzt noch die **Oberfläche schützen** (☞ Renovieren der Oberfläche, S. 194), wobei er sich den Grobschliff, den zweiten und dritten Schliff und das Spachteln selbstverständlich sparen kann. Fertigparkett ist dagegen schon behandelt.

Tip

Fertigen Sie sich ein Klopfholz, indem Sie ein 25 cm langes Reststück einer Diele zurechtschneiden. Dafür halbieren Sie mit einer feinen Handsäge das Stück der Länge nach. Sie brauchen das Teilstück mit der Feder. Zum Einpassen eines Dielenelements setzen Sie die Feder des Klopfholzes in die Nut des Elements und schlagen mit dem Hammer auf die gesägte Seite des Klopfholzes. So vermeiden Sie Beschädigungen an den Dielen.

HOLZFUSSBÖDEN OPTIMAL VERLEGEN					
	Untergrund				
Material	Deckenbalken, Lagerhölzer	Verlegeplatten, alte Dielen (eben)	Estrich (eben, unbeschädigt)	Glatte Bodenbeläge	Kurzflorige Teppichböden (Nadelvlies o.ä.)
Dielen					
Hobeldielen, (Massivholzdielen), Naturholzdielen	Nageln, Schrauben	–		–	
Landhausdielen	Nageln, Schrauben (mind. 21 mm dick)	Schwimmend verlegen			
Parkett					
Parkettstäbe, -riemen oder Tafelparkett	–	1. Nageln auf Unterkonstruktion 2. Vollflächig verkleben (beides durch Fachbetrieb)		–	
Mosaikparkettlamellen	–	Vollflächig verkleben durch Fachbetrieb)		–	
Mosaikparkett / Tafelparkett		Vollflächig verkleben (Selbstverarbeitung möglich)			–
Fertigparkett	Nageln, Schrauben	1. Nageln, Schrauben 2. Schwimmend verlegen	Schwimmend verlegen		
Holzpflaster					
	–	Verkleben auf Spanplatten (durch Fachbetrieb)	Verkleben (durch Fachbetrieb)	–	

Schwimmende Verlegung von Landhausdielen / Fertigparkett

Landhausdielen und Fertigparkett müssen sich – unabhängig von der Verlegeart – zunächst etwa 48 Stunden lang an das Raumklima anpassen.

Die sogenannte schwimmende Verlegung von Landhausdielen ist sehr leicht zu verwirklichen, darf wegen des geringen Wärmedurchgangs aber **nicht auf einer Fußbodenheizung** vorgenommen werden.

Auf dem absolut ebenen Untergrund, bei dem es sich um Estrich (☞ Der richtige Untergrund, S. 134), alte Dielen, Verlegeplatten aus Preßspan oder vollflächig verklebte Kunststoffbodenbeläge handeln kann, wird die Trittschalldämmung ausgelegt. Im einfachsten Fall ist das eine Schicht aus Wellpappe. Besser sind Lagen aus (Recycling-)Wollfilz, Hanf oder Jute. Handelt es sich bei dem Untergrund um einen mineralischen Estrich, so muß zusätzlich noch eine ca. 0,2 mm dicke Kunststofffolie gegen Feuchtigkeit untergelegt werden. Man kann sie sich auch sparen, wenn die Trittschalldämmung bereits entsprechend dampfdicht ausgerüstet ist. Unabhängig davon muß der Untergrund absolut trocken sein, sonst wellt sich das Parkett. Unter Umständen kann man sich auch die zusätzliche Trittschalldämmung sparen, wenn man auf einem kurzflorigen (!) Teppichboden oder Nadelvlies verlegt. Der Teppich muß dabei aber hygienisch einwandfrei, das heißt gründlich gereinigt sein (☞ Textile Beläge / Pflegen, S. 215), sonst kann sich im Lauf der Zeit ein unangenehmer Geruch entwickeln. Die Schall- und Wärmedämmung ist bei der schwimmenden Verlegung übrigens besser als bei der vollflächigen Verklebung.

Sie brauchen ➤ **Werkzeuge:**
- Hammer (vorhanden)
- Bohrmaschine
- Feine Handsäge (ca. DM 7,-) oder elektrische Kapp- oder Stichsäge (vorhanden / ausleihen)
- Kunststoffspachtel (ab DM 2,30)
- Klopfholz (ca. DM 5,90 bis 7,-)
- Zugeisen (ab DM 22,-)

Verbrauchsmaterialien:
- Wasserfester Parkettleim (ca. DM 16,- bis 20,- pro kg entspr. 25 m^2)
- Holzkeile (ca. DM 7,- für 12 Stück)
- Trittschalldämmung (ca. DM 25,- für 20 m^2 Recyclingfilz, ca. DM 40,- für 20 m^2 Wellpappe, ca. DM 70 für 25 m^2 Polyethylen-Schaumstoff, ca. DM 30,- für 5 m^2 Korkunterlage)
- ggf. Kunststoffolie für mineralische Untergründe (ca. DM 29,50 für 2,5 x 4 m)
- Paketklebeband (ca. DM 5,50 für 66 m)
- Fußleisten (DM 11,- bis 17,- für 2,5 m, aus Holz); (mit Schrauben und Dübeln)
- ggf. Übergangsprofile (ca. DM 12,- bis 22,- pro m)
- ggf. Anpaßprofile (bis DM 50,- pro m)
- Parkettleimentferner (ca. DM 22,- pro l)

So geht's ➤ Sollte der Raum in einer Richtung länger als zehn Meter sein, so müssen Sie spezielle Dehnungsfugen oder Profile einplanen. Erkundigen Sie sich gegebenenfalls bei Ihrem Händler danach. Der Verlauf der Arbeiten gestaltet sich im Prinzip wie unter ☞ Dielen und Fertigparkett Nageln / Schrauben (S. 176) beschrieben. Dabei gibt es jedoch einen wichtigen Unterschied: Die Dielen bzw. das Fertigparkett werden nicht am Untergrund festgenagelt, sondern lediglich durch Parkettleim zusammengehalten, der vor dem Zusammenfügen in die Nuten eingespritzt wird. Setzen Sie zum Zusammenfügen ein Klopfholz auf die Nut des Elements und schlagen Sie es vorsichtig mit dem Hammer in die Nuten der Vorgängerelemente ein. Schlagen Sie nicht direkt auf die Nut! Sie könnten die Oberfläche der Elemente beschädigen. Herausquellenden Leim wischen Sie am besten sofort mit einem feuchten Tuch ab. Alternativ dazu können Sie ihn nach etwa zehn Minuten mit einem Kunststoffspachtel schräg abschieben. Sollten später noch Schlieren auftreten, können Sie diese mit speziellem Leimentferner beseitigen. Warten Sie nach dem Verleimen der ersten Längsfuge etwa eine halbe Stunde, damit der Leim antrocknen kann, bevor Sie weiterarbeiten. Zusätzlich sollten Sie die Dielen- bzw. Parkettelemente mit Paketklebeband, speziellen Zwingen oder Spanngurten wie sie manche Baumärkte verleihen, untereinander fixieren. Als Übergang zu einem anderen Bodenbelag verwenden Sie spezielle Profilschienen, die Sie im Baumarkt kaufen können. Der Fachmann verbirgt solche Übergänge – der besseren Optik wegen – unter der (geschlossenen) Tür.

Tip

Ein Sonderfall der schwimmenden Verlegung ist die sogenannte Bügelverlegung. Bei einigen Fertigparketten aus Massivholz werden die Elemente durch Blechbügel an der Unterseite miteinander verbunden. Das hat den Vorteil, daß das Parkett problemlos wieder aufgenommen und an anderer Stelle neu verlegt werden kann.

Mosaikparkett (Tafelparkett) vollflächig verkleben

Werkzeuge: ← **Sie brauchen**

- Hammer (vorhanden)
- Feine Handsäge (ab DM 7,-) oder elektrische Kapp- oder Stichsäge (vorhanden / ausleihen)
- Klopfholz (DM 5,90 bis 7,-)
- Zugeisen (ab. DM 22,-)
- Schnur als Richtschnur (DM 2,60 für 20 m bis DM 13,20 für 100 m)

Sie brauchen → **Verbrauchsmaterialien:**

- Wasserfester Parkettkleber (ca. DM 16,- bis 20,- pro kg entspr. 25 m^2)
- ggf. lösemittelfreier Tiefgrund (ca. DM 35,- für 2,5 l entspr. 10 - 17,5 m^2)
- Holzkeile (ca. DM 7,- für 12 Stück)
- Fußleisten (DM 11,- bis 17,- für 2,5 m, aus Holz); (mit Schrauben und Dübeln)
- ggf. Übergangsprofile (ca. DM 12,- bis 22,- pro m)
- ggf. Anpaßprofile (bis DM 50,- pro m)

So geht's → Die edelste Form des Holzbodens, die man selbst verlegen kann, ist das Mosaikparkett als Tafelparkett. Im Gegensatz zu Dielen oder Fertigparkettelementen kommt man hierbei um die **vollflächige Verklebung** nicht herum. Dafür funktioniert diese Verlegetechnik bei entsprechend geeigneten Produkten auch auf Fußbodenheizungen. Der Untergrund muß, wie bei allen Verlegearten auf glatten Böden, eben, absolut trocken und rißfrei sein. Eventuell müssen Sie ihn zunächst entsprechend herrichten (☞ Der richtige Untergrund, S. 134). Auf Heizestrich oder auf Spanplatten ist auf jeden Fall ein Voranstrich mit (lösemittelfreiem) Tiefgrund oder verdünntem Parkettkleber nötig, um die Saugfähigkeit des Untergrundes zu reduzieren. Für die Verklebung sollten Sie stets die vom Hersteller empfohlenen Kleber verwenden. Sie enthalten zum Teil geringe Mengen an Lösemitteln. Deshalb sollten Sie zu Ihrem eigenen und zum Schutz anderer die üblichen Vorsichtsmaßnahmen ergreifen. Das bedeutet: *Lüften Sie also während der Arbeit und danach stets gut und halten Sie Kinder fern* (☞ Luftbelastung durch Lösemittel, S. 32).

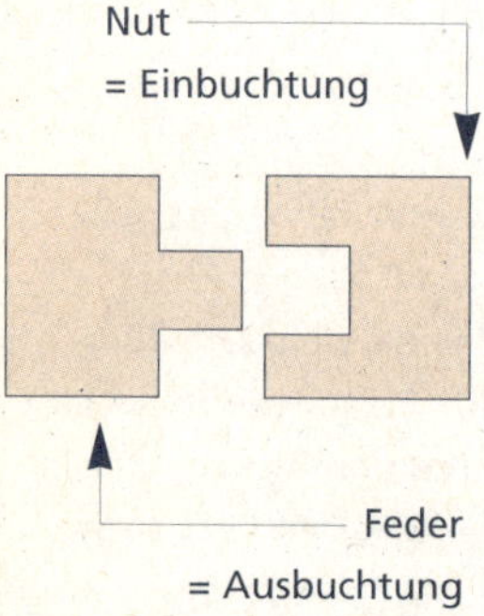

Bevor Sie mit dem Verlegen beginnen, müssen die Parkettplatten offen oder zumindest in den geöffneten Paketen einige Tage zum Akklimatisieren im Raum liegen. Legen Sie die Platten dann probeweise folgendermaßen aus: Beiderseits einer Richtschnur, die Sie zwischen den Mittelpunkten der kurzen Seiten des Raumes gespannt haben, legen Sie je eine Reihe Platten. Eine weitere Reihe legen Sie im rechten Winkel dazu. Angeschnittene Platten sollten möglichst nicht schmaler als ihre halbe Breite sein und müssen immer an den äußeren Rändern liegen.

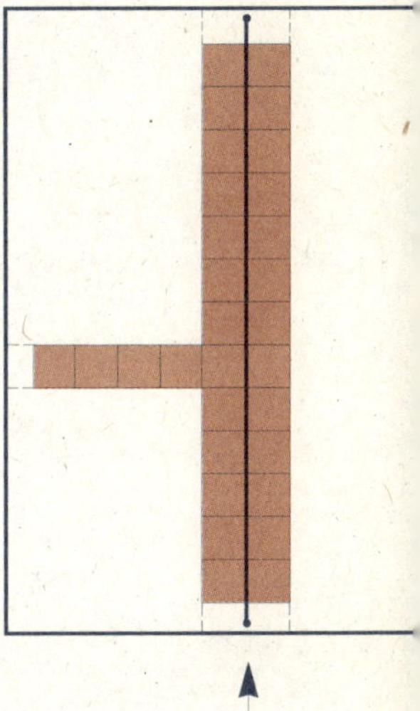

Beginnen Sie mit dem Verlegen an der Fensterseite. Anders als bei den anderen Verlegearten fangen Sie in diesem Fall mit der zweiten Reihe an. Um die richtige Position zu finden, legen Sie zunächst zwei Platten in einigem Abstand voneinander mit der Federseite zur Wand. Zwischen Wand und Platten schieben Sie dabei Holzkeile als Abstandhalter (1 bis 1,5 cm). An diese Platten legen sie jeweils eine weitere – Feder in Nut – zum Raum hin an. Diese Platten markieren die zweite Reihe. Ihre Position legen Sie mit einer Schlagschnur fest. Auf alten Dielen oder Verlegeplatten können Sie statt dessen ein Richtscheit – also eine lange Latte – als Markierung auf dem Boden festnageln oder -kleben. An dieser Markierung wird nun die erste Platte verklebt. Tragen Sie dazu Kleber mit dem Zahnspachtel auf den Untergrund auf. Alternativ dazu gibt es auch Kleber in einer Kunststoff-Flasche, der auf der Unterseite der Platte in dünnen Streifen am Rand und diagonal über kreuz aufgebracht wird. Beginnen Sie an der Wandseite, kleben Sie die erste Platte an und warten Sie, bis sie fest sitzt. Achten Sie darauf, daß immer die Feder zur Wand weist. Danach kleben Sie die nächsten Platten Feder in Nut eine nach der anderen entlang Ihrer Markierung fest. Wenn Sie den Kleber mit dem Zahnspachtel verarbeiten, achten Sie darauf, daß Sie nicht mehr aufbringen, als Sie in den nächsten fünf Minuten verarbeiten können. Sonst kommen Sie mit dem Verlegen nicht nach. Die Platten werden zwar mit Nut und Feder verbunden, verleimt werden sie aber nicht untereinander, sondern mit dem Untergrund. Schieben Sie die Platten mit der Hand zusammen.

Setzen Sie dann das Klopfholz auf die Nutseite und treiben Sie die Elemente mit dem Hammer vorsichtig aneinander. Schlagen Sie nie direkt auf die Nut! Achten Sie dabei darauf, daß Sie die Oberfläche nicht beschädigen und die bereits liegenden Platten nicht verschieben. Halten Sie also dagegen oder fixieren Sie sie mit Paketklebeband. Wenn Leim zwischen den Fugen herausquillt, so wischen Sie ihn sofort mit einem feuchten Tuch ab. Verlegen Sie auf diese Weise eine Reihe nach der anderen vom Fenster in Richtung auf die Tür. Wenn Sie bei der letzten Reihe angekommen sind, legen Sie die Parkettelemente, die den Abschluß bilden sollen, auf die vorletzte Reihe. Darauf wiederum legen Sie in solcher Weise ein Element, daß es 1 bis 1,5 cm Abstand zur Wand behält (benutzen Sie Holzkeile als Abstandhalter). An dessen Kante zeichnen Sie dann mit Bleistift eine Linie an. Entlang derer müssen Sie sägen, dann paßt es genau. Setzen Sie die letzten Platten mit Nut in Feder an, haken Sie das Zugeisen ein und klopfen Sie sie mit dem Hammer fest. In gleicher Weise verfahren Sie mit der ersten Reihe, die Sie am Anfang ausgelassen haben. Anschließend befestigen Sie die Fußleisten. Die Übergänge zu anderen Räumen müssen Sie noch mit Profilschienen abschließen. Der besseren Optik wegen sollten Sie diese unter den (geschlossenen) Türen verbergen.

Achtung: Dübeln Sie bei Fußbodenheizungen die Profilschienen nie an, sondern befestigen Sie sie mit Montagekleber. Sie könnten die Heizschlangen beschädigen!

Oberflächenbehandlung von Holzfußböden

Wie Sie die Oberfläche Ihres Holzfußbodens behandeln, ist weitgehend Geschmackssache. Bei Fertigparkett und Landhausdielen brauchen Sie sich – bis zur ersten Überarbeitung – ohnehin keine Gedanken machen. Sie sind bereits vorbehandelt, so daß Sie sich die zusätzlichen Kosten und die Arbeit sparen können. Unbehandelte oder frisch abgeschliffene Böden lassen sich mit Wasserlacken versiegeln oder mit Ölen behandeln, mit oder ohne anschließenden Auftrag von Wachs. Unter ökologischem Blickwinkel gibt es hier wieder einmal keinen eindeutigen Gewinner. Auch dient der Fußboden nicht als Puffer für Raumluftfeuchte, oft auch als „Atmungsaktivität" bezeichnet. Dafür sind eher die Wände zuständig. Abgesehen davon gewährleistet keine der genannten Behandlungsmethoden diesen Effekt. Ein Unterschied besteht jedoch darin, wie die Oberfläche anmutet und sich anfühlt. Am besten lassen Sie sich beim Händler einige verschieden behandelte Muster zeigen.

Grundsätzlich gilt, daß eine Oberflächenbeschichtung um so haltbarer ist (und damit den Boden besser vor Verschleiß schützt), je dichter und härter sie ausfällt. Trotzdem gibt es bei den Beschichtungen auch ökologische Verlierer. Dabei handelt es sich um lösemittelhaltige Parkettlacke und säurehärtende (SH-) sowie sogenannte DD-Parkettsiegel. Beide sind aber ohnehin nicht für die Selbstverarbeitung gedacht. Verlierer sind sie deswegen, weil sie während der Verarbeitung schädliche Stoffe in die Raumluft freisetzen (Lösemittel und Isocyanate bzw. Formaldehyd). Diese Ausdünstungen verschwinden zwar bald wieder, sie belasten aber denjenigen, der mit der Verarbeitung beschäftigt ist. In den allermeisten Fällen sind sie zudem überflüssig. Nur für genageltes oder in bituminösem Klebstoff verlegtes

Parkett oder bei Holzpflaster *muß* lösemittelhaltiger Lack verwendet werden, weil sonst Abrißfugen entstehen. In allen anderen Fällen kann man durchaus darauf verzichten.

Unterschiede gibt es allerdings in der Haltbarkeit der verschiedenen Oberflächenbeschichtungen. Während die Wassersiegel zwischen fünf und acht Jahren halten können, muß ein geölter oder gewachster Boden mindestens einmal im Jahr behandelt werden, bei starker Beanspruchung zweimal. Dafür kann ein solcher Boden auch partiell neu behandelt werden, während eine mit Lack versiegelte Oberfläche stets als Ganzes überarbeitet werden muß.

Pflegen

Die wichtigste Voraussetzung für ein langes Holzfußbodenleben ist, daß grober Schmutz, besonders Sand oder Steinchen, möglichst von ihm ferngehalten werden. Er zerkratzt die Beschichtung oder beschädigt sogar das Holz selbst. Je weicher das Holz, desto größer ist diese Gefahr. Außerdem sollten Sie darauf achten, daß kein Wasser auf dem Boden stehenbleibt. Vor allem bei gewachsten oder geölten Oberflächen und bei Dielen kann Feuchtigkeit eindringen, die schwarze Flecken verursacht oder noch schwerere Schäden anrichtet.

Eine weitere Voraussetzung ist ein gutes Raumklima. Das für einen Holzfußboden passende entspricht praktischerweise dem, das auch Menschen als angenehm empfinden. Eine Temperatur zwischen 20° und 23° C und eine relative Luftfeuchtigkeit von 55 % bis 60 % sind am besten. Um dieses optimale Raumklima herzustellen, hilft das richtige Lüften (☞ Richtig lüften, S. 42). Auch

Wasserbehälter an oder auf Heizkörpern können sich positiv auswirken, wenn die Raumluft andernfalls zu trocken wäre.

Holzoberflächen, die mit Kunstharz versiegelt sind, lassen sich fast genauso leicht pflegen wie Stein- oder Keramikfußböden. Mit einem Staubsauger (am besten mit Bürstvorsatz) kann der Staub leicht entfernt werden. Gründlicher ist feuchtes Wischen mit wenig warmem Wasser ohne Zusätze oder mit einem lösemittelfreien Parkettpflegemittel. Das bildet einen leichten Film auf dem Boden, der ihn zusätzlich schützt und ihm eine einheitlich glänzende Oberfläche verleiht. Hartnäckigen Schmutz können Sie mit etwas Spiritus entfernen. Auf keinen Fall sollten Sie Schmierseife für die Reinigung verwenden. Sie greift nahezu alle Arten von Oberflächenbeschichtungen an. Auf jeden Fall hinterläßt sie einen häßlichen Film.

Gewachste oder geölte Böden können im Prinzip genauso gepflegt werden wie versiegelte. Auf konventionelles Parkettpflegemittel sollten Sie aber vorsichtshalber verzichten. Wer eine „biologische" Oberflächenbehandlung gewählt hat, wird ohnehin kaum ein synthetisches Mittel nehmen wollen. Statt dessen können geölte Böden mit dem Zusatz einer speziellen Seife zum Wischwasser gepflegt werden. Die Oberfläche gewachster Böden kann durch regelmäßige Pflege mit einer Wachsemulsion teilweise regeneriert werden. Gewachste Böden verschmutzen übrigens leichter als kunstharzversiegelte. Falls sich sogenannte Laufstraßen gebildet haben, so können diese aber leicht mit speziellen Mitteln, wie balsamischer Verdünnung, entfernt werden. Beachten Sie jedoch, daß es sich dabei um – wenn auch natürliche – Lösemittel handelt (☞ Luftbelastung durch Lösemittel, S. 32).

ÖKOLOGISCHER VERGLEICH GLATTER BODENBELÄGE	Energieverbrauch	Ressourcenverbrauch	Schadstoffe	Haltbarkeit / Reparierbarkeit	Entsorgung	Gesundheit	Preis
Naturstein	gering	gering	gering	sehr hoch	gut	gut	sehr hoch
Keramik / Fliesen	hoch	gering	hoch	sehr hoch	gut	gut	mittel
Linoleum	gering	gering	gering	hoch	mittel - gut	gut - mittel	mittel
Polyolefin	mittel	mittel	mittel	mittel	mittel	gut - mittel	mittel
PVC	mittel	gering	hoch	mittel	schlecht	gut - mittel	gering
Holzfußböden	gering	gering	mittel	hoch	mittel	gut* - mittel	mittel - hoch
Gummi	mittel	mittel	mittel	mittel	mittel	schlecht	mittel
Kork	mittel	gering	je nach Qualität	mittel - gering	mittel - gut	gut - mittel	mittel

besonders empfehlenswert
nicht empfehlenswert

*geöltes / gewachstes Massivholz

Restaurieren
(preisgünstig)

Vielleicht haben Sie ja schon einen Holzfußboden in Ihrer Wohnung oder Ihrem Haus, und er ist nur unansehnlich geworden, oder ein Teppichboden war darauf verklebt. Nein – decken Sie ihn nicht einfach zu. Wir zeigen Ihnen, was Sie tun müssen, damit alte Holzböden wieder wie neu aussehen. Fast alle lassen sich nämlich durch Abschleifen und eine neue Oberflächenbehandlung restaurieren. Allerdings geht das nur unter der Bedingung, daß die Oberfläche (noch) dick genug für diese Behandlung ist – und daß sie tatsächlich aus Holz besteht. Mit den derzeit beliebten Laminatböden funktioniert das nämlich nicht (☞ Holzfußböden / Auswählen, S. 171). Die Renovierung lohnt sich übrigens nicht nur bei Eigenheimbesitzern. Die Kosten dafür sind nicht höher als für einen Teppichboden höherer Qualität. Wenn man es selbst macht, sogar deutlich geringer. Aber vielleicht ist der Boden ja noch gar nicht so ramponiert und Sie ärgern sich nur über einige Kratzer? Deshalb zunächst einmal eine kleine Anleitung dafür, was in diesem Fall zu tun ist.

Beheben kleinerer Schäden

Kosten:

- ca. DM 13,- für einen Retuschierstift
- ca. DM 17,- für 2-K Reparaturspachtel (Tuben)

Kratzer auf lackierten Holzböden lassen sich leicht mit einem **Retuschierstift** entfernen, den man im Handel für Fußböden oder im Baumarkt kaufen kann.

Tiefere Beschädigungen, also solche bis ins Holz, können Sie mit speziellen **Reparaturharzen** (-spachtel) beseitigen, die in Tuben oder kleinen Dosen angeboten werden. Sie sind in unterschiedlichen Farbtönen erhältlich und bestehen oft aus zwei Komponenten, die man vor der Verarbeitung miteinander mischen muß. Beachten Sie dabei die Verarbeitungs- und Sicherheitshinweise auf der Verpackung!

Wichtig ist, daß Sie den Schaden möglichst sofort beseitigen, da sich sonst Schmutz in den Kratzer hineinsetzen oder bei der nächsten Feuchtreinigung Wasser ins Holz gelangen kann. Die Folge davon wären dauerhafte Verfärbungen.

Beheben größerer Schäden

Kosten: je nach Reparaturaufwand

Leider bleibt es nicht immer bei solchen kleineren Schäden. Ein Schaden, der häufiger vorkommt, ist das **Ablösen von geklebten Parkettstäben oder -riemen vom Unterboden.** Meist tritt er auf, wenn ein Teppichboden auf dem Holzboden verklebt ist. Bemerkt wird dies erst, wenn es beim Darübergehen klappert oder knirscht. Wenn beim Aufnehmen des Teppichs Parkettstäbe daran hängen bleiben, so merken Sie sich auf jeden Fall ihre Lage (Numerieren mit Bleistift), sonst bekommen Sie später sogenannte Passerprobleme. Lösen Sie die lockeren Stäbe vorsichtig vom Untergrund und entfernen Sie Kleberreste. Die losen Stäbe können Sie nun auf einer Unterlage aus dünner Gaze und etwas Parkettkleber wieder zusammenfügen. Danach wird der Estrich mit Hilfe eines Zahnspachtels ebenfalls mit Parkettkleber eingestrichen und die Parkettfelder wieder eingefügt. Damit die Verklebung auch fest genug wird, müssen Sie das Ganze sofort beschweren. Am besten nehmen Sie dafür Sandsäcke, Zeitschriftenstapel oder gefüllte Wassereimer. Austretenden Kleber müssen Sie sofort mit einem fusselfreien feuchten Tuch aufnehmen. Wenn sich dennoch später Schlieren zeigen sollten, können Sie diese mit speziellem Leimentferner beseitigen. Nach der auf dem Kleber angegebenen Trockenzeit müssen die wiederverlegte Fläche und ihre Übergänge zum alten Boden noch abgeschliffen und mit dem originalen Oberflächenbehandlungsmittel versehen werden (☞ Renovieren der Oberfläche, S. 194).

Tip

Kleine, aber tiefergehende Beschädigungen des Holzes können Sie mit einem sogenannten Forstnerbohrer kreisförmig ausbohren. Mit dem gleichen Bohrer schneiden Sie aus einem Stück der gleichen Holzart eine Scheibe aus und leimen sie als „künstliches Astloch" ein. Auch diese Reparaturstelle muß – wie oben beschrieben – nachbehandelt werden.

Oft kommt es vor, daß durch wiederholte oder dauernde **Durchfeuchtung** nicht nur das Parkett, sondern auch der Unterboden geschädigt worden ist. Wenn das so ist, sollten Sie als erstes die Ursache abstellen, also gegebenenfalls das undichte Fenster oder die undichte Terrassentür abdichten (☞ Fenster abdichten, S. 39 und ☞ Türen abdichten, S. 58). Dann lösen Sie vorsichtig die Parketthölzer vom Untergrund und säubern alles gründlich. Eventuell müssen Sie den Estrich nach dem vollständigen Abtrocknen mit etwas Fließspachtel glätten. Ist das Parkett nicht verklebt, sondern genagelt, so müssen Sie den Zustand der Querverlattung prüfen. Wenn die nämlich ebenfalls durch die Feuchtigkeit beschädigt ist, dann muß sie ausgeschnitten und durch eine gleich dicke Sperrholzschicht ersetzt werden, die Sie mit Montagekleber befestigen können. Danach kleben Sie die Parkettstäbe mit Kontaktkleber wieder an ihren alten Ort. Dafür benutzen Sie am besten einen Zahnspachtel mit feiner Zähnung. *Arbeiten Sie wegen der Lösemitteldämpfe aus dem Kleber nur bei geöffnetem Fenster!* Wenn der Kleber keine Fäden mehr zieht, passen Sie die Stäbe ein und klopfen sie mit einem Gummihammer fest. Legen Sie ein gerades Stückchen

Holz dazwischen, damit das Parkett nicht beschädigt wird. Kleine Fugen oder Schäden können Sie mit speziellen farblich angepaßten Reparaturharzen beseitigen. Wenn der Kleber getrocknet ist, müssen Sie die „neue" Oberfläche abschleifen und behandeln (☞ Oberflächenbehandlung von Holzfußböden, S. 187).

Renovieren der Oberfläche

Wenn die Schäden großflächig auftreten, wie eine durchgelaufene Beschichtung, eine verkratzte Oberfläche oder durch schwere Möbel verursachte Dellen, dann hilft nur noch das Abschleifen. Soweit es sich bei Ihrem Holzfußboden nicht um eine Nachahmung mit Laminatoberfläche oder um einen sogenannten Fertig- oder Feinholzboden mit zu dünnem Furnier handelt, läßt er sich mindestens zwei- bis dreimal renovieren. Die dafür erforderlichen Maschinen können Sie in einem Baumarkt oder bei speziellen Verleihfirmen ausleihen (schauen Sie im Branchenverzeichnis unter „Parkettfußböden" oder „Maschinenvermietung" nach).

Sie brauchen ——▶ **Werkzeuge:**

- Walzenschleifmaschine (ausleihen; ca. DM 55,- bis 65,- pro Tag)
- Kantenschleifmaschine (ausleihen; ca. DM 35,- bis 40,- pro Tag)
- Rotationsschleifmaschine (ausleihen; ca. DM 50,- pro Tag)
- Ziehklinge (ca. DM 12,90 bis 26,-; je nach Breite)
- Staubmaske für Feinstaub (ca. DM 6,50)
- Staubsauger (vorhanden)
- Breiter Ziehspachtel (ab DM 3,20)
- Lammfellrolle (ca. DM 10,- bis 26,-)
- ggf. Hammer und Versenker (DM 4,50 bis 6,-) oder Schraubendreher

Zusätzlich für „biologisches" Beschichten:
- ggf. Streichbürste für Holzöl (ca. DM 10,- bis 25,-)
- ggf. Flächenstreicher oder ölfester Gummiwischer (DM 10,- bis 11,-)
- ggf. Bohnerbesen (ca. DM 80,-) oder Schwingschleifer (ca. DM 80,-; ausleihen: ca. DM 12,- pro Tag)

Verbrauchsmaterialien:
- Schleifpapiere in Körnungen von P 30 bis 50, 60, 100, 150 bis 200 (ca. DM 3,- für 12 Blätter)
- Staubmaske für Feinstaub (ca. DM 6,50)
- Lösemittelarme Parkettversiegelung (Wassersiegel) (ca. DM 17,- für 0,75 l bis 45,- für 2,5 l)

Zusätzlich für „biologisches" Beschichten:
- verdünner- und terpentinfreies Holzöl (ca. DM 24,- für 0,75 l entspr. 8 m^2) oder Grundieröl (ca. DM 19,- für 0,75 l entspr. 10 m^2) und Hartwachs (ca. DM 30,- pro l entspr. 33m^2 bis 23,- für 0,5 l entspr. 24 m^2) oder Hartwachsöl (ca. DM 31,- für 0,75 l entspr. 9 m^2 bis 100,- für 2,5 l entspr. 30 m^2) oder Weichholzlauge
- ggf. Kunststoff-Schleifvlies (ca. DM 20,- im Set mit verschiedenen Schleifvorsätzen)
- ggf. Polierkissen (ca. DM 2,-) oder Ballentuch
- Abdeckfolie (ca. DM 3,20 für 4 x 2,5 m bis DM 5,90 für 4 x 5 m)

• Vorarbeiten

So geht's

Räumen Sie den betreffenden Raum komplett aus und decken Sie in den benachbarten Räumen die Böden und Möbel mit Folie ab. Falls der Holzboden mit einem Teppichboden überklebt ist, nehmen Sie diesen auf (☞ Alte Beläge aufnehmen, S. 151). Entfernen Sie grob eventuelle Reste von Teppichrücken, Kleber und Fließspachtel. Entfernen Sie auch die Fußleisten und eventuelle Übergangsschienen zu den Nachbarräumen und alle überstehenden Schrauben und Nägel, oder versenken Sie sie mit dem Hammer und einem Versenker.

Dabei ist große Sorgfalt erforderlich, weil sonst unweigerlich die Walze der Schleifmaschine beschädigt würde. Danach kleben Sie eventuell lose Parketthölzer wieder ein (☞ Beheben größerer Schäden, S. 192). Erst im Anschluß an die Trocknungszeit des Klebstoffes können Sie mit dem Abschleifen beginnen.

- Grobschliff

Tragen Sie beim Schleifen immer eine Staubmaske für Feinstäube! Nicht nur, weil die Lackstäube gesundheitsschädlich sein können. Holzstaub steht generell unter dem Verdacht, Krebs zu erzeugen. Für Eichen- und Buchenholzstaub wurde dies auch schon nachgewiesen. Mit einem Schleifpapier der Körnung 30 oder 50 auf der Walzenschleifmaschine wird der erste Schliff in der Weise vorgenommen, daß Sie in der Mitte des Raumes beginnen und in Bahnen entlang der Längsrichtung der Holzstruktur schleifen. Bei kreuzweise verlegten Parkettstäben oder Fischgrätenparkett schleifen Sie in einer Richtung diagonal zu den Parkettstäben. Die Bahnen sollen sich dabei immer zur Hälfte überlappen. Bewegen Sie die Schleifmaschine stets in der einen Bahn vor- und in der nächsten rückwärts. Bleiben Sie dabei nicht mit der laufenden Maschine stehen, sonst wird an der Stelle eine Delle in den Boden geschliffen. Bei Dielenbrettern wird ebenfalls in Bahnen, jedoch diagonal im Winkel von 7 bis 15° zur Maserung des Holzes geschliffen. Achten Sie darauf, rechtzeitig das Schleifpapier zu wechseln! Nach dem Grobschliff sollten alle alten Rückstände, Lackschichten, Unebenheiten und Riefen beseitigt sein. Da Sie mit dem Bandschleifer nicht bis an die Wände herankommen, müssen Sie die Ränder mit der Kantenschleifmaschine und der gleichen Körnung des Schleifpapiers bearbeiten. Für Ecken nehmen Sie eine Ziehklinge. Sie wird gerade so hart aufgesetzt, daß sie die Beschichtung durchstößt. Dann ziehen Sie die Oberfläche in Richtung der Holzfasern ab. Danach entfernen Sie den Staub sorgfältig mit einem Staubsauger.

• Zweiter und dritter Schliff

Wiederholen Sie die gesamte Prozedur noch einmal mit Schleifpapier feinerer Körnung (60er). Falls Sie die Maschine beim ersten Schliff diagonal geführt haben, so müssen Sie dies nun ebenfalls tun, jedoch rechtwinklig zur ursprünglichen Richtung. Schleifen Sie dann mit 100er Schleifband nochmals so, wie Sie den ersten Schliff durchgeführt haben.

• Verspachteln

Bei Parkettboden verschließen Sie nach abermaligem Staubsaugen alle breiteren Fugen und Risse mit einem Fugenspachtel, den Sie selbst aus Schleifstaub (aus dem Staubsack der Maschine) und lösemittelarmer Parkettversiegelung anrühren. Besonders glatt und schön wird der Boden, wenn Sie ihn im Anschluß daran vollflächig mit einem rückenverstärkten Spachtel kreuzweise verspachteln. Achtung: Bei Dielen wird nichts verspachtelt – auch die Fugen nicht!

• Feinschliff

Etwa eine halbe Stunde nach dem Spachteln des Bodens können Sie mit dem Feinschliff beginnen. Das wird mit der Rotationsschleifmaschine und einem Schleifpapier der Körnung 150 bis 200 gemacht. Falls Sie bei den vorhergehenden Schliffen die Maschine diagonal geführt haben, führen Sie sie jetzt in Richtung der Holzmaserung, also wiederum um 90° gedreht. Um den Druck der Maschine auf den Boden zu verstärken, können Sie ein Metallgewicht auf den Motorblock stellen. Sie sollten nur darauf achten, daß es Ihnen nicht herunterfällt, sonst hat der frisch geschliffene Boden schnell wieder seine ersten Macken. Bei Dielenböden müssen Sie anschließend die Stoßfugen mit Fugenkratzer und Staubsauger gründlich säubern, damit beim Versiegeln der Oberfläche kein Staub stören kann.

Konventionelle Methode

• Erster Anstrich

Zunächst wollen wir Ihnen erklären, wie Sie den Boden mit lösemittelfreiem Lack versiegeln können. Im Anschluß daran werden die „biologischen" Techniken erläutert (zu den Vor- und Nachteilen der verschiedenen Behandlungsmethoden ☞ Oberflächenbehandlung von Holzfußböden, S. 187).

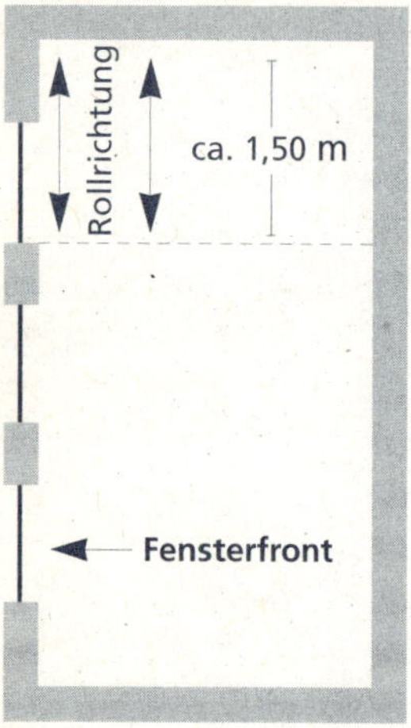

Bevor Sie mit dem Lackauftrag beginnen, sollten Sie die Rolle sorgfältig auswaschen, damit keine Flusen in der Lackschicht bleiben. Achten Sie darauf, daß während der Arbeiten die Sonne nicht direkt auf den Boden fällt. Der frische Lack könnte sonst Blasen bekommen. Beginnen Sie an der Fensterseite, damit Sie das Ergebnis immer im Blick behalten und etwaige Fehlstellen oder zu dicken Auftrag sofort korrigieren können. Der Lack wird mit einer Lammfellrolle rechtwinklig zum Lichteinfall in ca. 1,50 m langen Bahnen aufgetragen. Haben Sie so einen Streifen von der Fensterseite bis zur gegenüberliegenden Wand fertiggestellt, bearbeiten Sie den nächsten Streifen in gleicher Weise. Nach dem Auftrag muß der Lack etwa zwei Stunden lang trocknen.

• Zwischenschliff

Die Oberfläche muß nun zwischengeschliffen werden. Dafür benutzen Sie entweder wieder den Rotationsschleifer oder eine Handschleifmaschine mit feinem Schleifpapier der Körnung P 150 bis 200. Verfahren Sie dabei, wie unter „Feinschliff" beschrieben. Im Anschluß daran muß der Schleifstaub wieder sehr sorgfältig mit einem Staubsauger entfernt werden (denken Sie bei Dielenböden an die Fugen!). Achten Sie auch darauf, daß kein Staub in der Luft bleibt, der sich beim anschließenden zweiten Anstrich auf dem frischen Lack ablagern könnte.

• Zweiter Anstrich

Der zweite Versiegelungsanstrich wird analog zum ersten durchgeführt. Wenn Sie die Oberfläche ganz besonders widerstandsfähig machen wollen, können Sie nach wiederum zwei Stunden Trocknungszeit einen weiteren Zwischenschliff vornehmen, absaugen und einen dritten Anstrich auftragen. Da bei einem Wassersiegel sehr viel Wasser auf das Holz gebracht wird, ist es notwendig, unter Heizung bei gleichzeitiger Belüftung zu trocknen. Begehbar ist die Oberfläche übrigens erst frühestens einen Tag nach dem letzten Anstrich, belastbar ist sie erst nach drei Tagen. Eine Woche bis 14 Tage lang sollten Sie ihr aber noch eine gewisse Ruhe gönnen und in dieser Zeit auch noch keine Teppiche oder Brükken auflegen. So lange braucht die Versiegelung nämlich noch zum vollständigen Durchhärten.

„Biologische" Methode

• Anstrich

Kosten:

– ca. DM 15,- bis DM 20,- pro m^2 (Eigenarbeit)

– ca. DM 45,- bis DM 50,- pro m^2 (Fachbetrieb)

Wer „biologisch" arbeitet, spart sich die Zwischenschliffe, dafür muß er die gesamte Prozedur (einschließlich Schleifen) mindestens einmal im Jahr auf sich nehmen. Es gibt drei verschiedene Methoden:

Zunächst das klassische **Ölen und Wachsen**. Nach dem Feinschliff tragen Sie in ein bis drei Arbeitsgängen (naß in naß) Holzöl oder Leinölfirnis mit einer dickflorigen Lammfellrolle oder einer Streichbürste satt auf den Boden auf und ziehen das überstehende Öl mit einem Flächenstreicher oder ölfesten Gummiwischer ab. Nach mindestens 24 Stunden Trocknungszeit unter guter Belüftung wird dann das Wachs aufgetragen.

Gegebenenfalls können Sie die Oberfläche zuvor noch von Hand mit feinem Schleifpapier etwas glätten. Das Wachsen von Hand wird mit Kaltwachs vorgenommen. Achten Sie darauf, daß die Wachsschicht sehr dünn bleibt, damit sie später nicht klebt. Eine andere Möglichkeit ist der maschinelle Auftrag von Heißwachs. Ein entsprechendes Gerät können Sie sich dort ausleihen, wo Sie auch das Wachs bzw. andere „biologische" Baustoffe bekommen.

Achtung: Diese Art von Wachs kann Citrusterpene enthalten, auf die einige Menschen allergisch reagieren. Auf jeden Fall sollten Sie überprüfen, ob Sie den Geruch insoweit als angenehm empfinden, daß Sie ihn dauerhaft in Ihrer Wohnung haben wollen.

Beim Wachsauftrag von Hand müssen Sie – je nach Material – nach einer Trocknungszeit von 8 bis 48 Stunden den Boden noch polieren. Sie können das mit einem Bohnerbesen leicht selbst tun. Bei kleineren Flächen genügt auch ein Polierkissen oder ein Ballentuch. Wer es perfekt haben will, leiht sich eine Poliermaschine aus. Wenn Sie das Wachs maschinell aufgetragen haben, empfiehlt sich die Verwendung einer solchen Poliermaschine.

Die zweite Methode verzichtet auf das Auftragen von Wachs. Statt dessen wird **Hartöl oder Hartwachsöl** mit einem Roller oder einer Streichbürste satt auf den Boden aufgetragen und das überstehende Öl abgezogen. Dann muß das Öl noch in den Holzboden einmassiert werden. Sonst wird die Oberfläche rauh und vergraut leicht. Sie können dies mit einem Schwingschleifer und einem Kunststoff-Schleifvlies tun.

Bei der dritten Methode handelt es sich um das **Laugen**. Sie läßt sich bei Nadelholzböden verwenden. Sehen Sie sich jedoch zunächst einmal einen so behandelten

Boden an, da sich das Ergebnis von dem der anderen Methoden stark unterscheidet. Das Holz wirkt insgesamt sehr viel heller. Der Boden wird nach dem Feinschliff mit einer speziellen Weichholzlauge behandelt. Sie müssen die gut aufgerührte Lauge mit einer Rolle in Faserrichtung auftragen. Nach einer Trocknungszeit von 24 Stunden bürsten Sie den Boden ab und saugen ihn danach mit dem Staubsauger ab. Anschließend wird der Boden dann noch – wie oben beschrieben – mit Hartöl imprägniert.

VII. Textile Bodenbeläge

(behaglich / leicht zu verwirklichen)

Viele Menschen bevorzugen im Wohnbereich textile Bodenbeläge. Sie sind fußwarm, dämmen Trittschall und vermitteln im allgemeinen ein Gefühl von Gemütlichkeit. Unter Umweltgesichtspunkten, nämlich im Hinblick auf ihre Lebensdauer, sind sie allerdings für die meisten Zwecke nicht die erste Wahl: Statistisch gesehen liegt ein textiler Belag nur etwa acht bis zehn Jahre lang, danach wird er erneuert. Das Material spielt demgegenüber eine eher untergeordnete Rolle. Aufgrund der großen Verschiedenartigkeit der Umweltaus-wirkungen und der Komplexität der Zusammensetzungen und der Verarbeitungen ist es nach dem derzeitigen Kenntnisstand nicht möglich, im Sinne eines einfachen „Besser" oder „Schlechter" zu urteilen. Um Ihnen zwei Beispiele zu nennen: Kunstfasern verbrauchen relativ viel Energie bei ihrer Herstellung. Bei Naturfasern finden die hohen Verbräuche bei der Färbung und Ausrüstung statt. Der Nachteil von Chemiefasern, daß sie aus der knappen Ressource Erdöl hergestellt werden, Naturfasern dagegen nachwachsend und damit grundsätzlich rohstoffschonend sind, wird dadurch relativiert, daß mit den heutigen Gewinnungsmethoden

Landschaftsverbrauch, Pestizideinsatz und meist weite Transportwege einhergehen. Selbst was die mögliche Beeinträchtigung des menschlichen Wohlbefindens oder der Gesundheit betrifft, gibt es bislang nur wenige Erkenntnisse darüber, welche Stoffe oder anderen Einflüsse hier eine Bedeutung haben. Neuere Vermutungen von Wissenschaftlern gehen in die Richtung, daß Geruchsstoffe eine sehr viel größere Rolle dabei spielen, als bisher angenommen wurde. Sicher ist dagegen, daß das Rückenmaterial eines Bodenbelags und die Verlegungsart in Verbindung mit dem Untergrund zum Teil eine größere Bedeutung haben als die eigentliche Nutzfläche. Wenn wir im folgenden dennoch für textile Bodenbeläge eine gewisse Rangfolge nach ökologischen Kriterien aufstellen, so handelt es sich dabei eher um die Darstellung von Tendenzen als um hundertprozentig gesicherte wissenschaftliche Erkenntnisse. Wenn Sie sich daran orientieren, werden Sie jedoch in den allermeisten Fällen „auf der sicheren Seite" sein, was die Umweltverträglichkeit anbelangt.

Vor der Ökologie kommt aber zunächst einmal die simple Frage nach der Eignung. Wer kann oder sollte textile Beläge in welchen Zimmern verlegen? Für **Hausstauballergiker** gibt es zwei gültige Regeln: 1. Wenn Sie sich zutrauen, Ihren glatten Fußboden jeden Tag zu reinigen, davon jedes zweite Mal feucht, dann sollten Sie ganz auf textile Böden verzichten. Im Vergleich zu glatten Böden sammeln sich in einem Teppich bei gleicher Reinigungshäufigkeit wesentlich mehr Staub und Milbenkot an. 2. Tun Sie das nicht (was Ihnen niemand verübeln kann), dann ist für Sie ein kurzfloriger Teppichboden aus Polyamid die erste Wahl. Im Gegensatz zu glatten Belägen wird der Staub festgehalten und sein Aufwirbeln verhindert. Milben finden in diesem Material schlechtere Lebensbedingungen vor als in Wollteppichen.

Auf einer Fußbodenheizung ist ein entsprechend gekennzeichneter textiler Belag zwar möglich, aber nicht optimal, da seine gute Dämmwirkung auch die Heizleistung schmälert. Ähnliches gilt für die Eignung für Feuchträume, Küchen oder als Belag im Werkraum. Die dafür nötige Feuchtigkeits- und Schmutzunempfindlichkeit wird bei synthetischen Belägen oft mit einem erhöhten Chemie- und Energieeinsatz in der Produktion des Belages erreicht. Nicht unmöglich ist auch die Verwendung für stark beanspruchte Bereiche, wie Flure und Treppen. Jedoch bilden sich dort nach einiger Zeit Laufstraßen. Deshalb wird ein Belag in den meisten Fällen dort nicht sehr alt. Unter Berücksichtigung der erwähnten Einschränkungen (Fußbodenheizung, gegebenenfalls Hausstauballergie) sind textile Beläge am ehesten für Schlaf-, Wohn- und Kinderzimmer geeignet. Eine Ausnahme stellt das Arbeitszimmer dar. Hier kann unter Berücksichtigung der Strapazierfähigkeit (Stuhlrolleneignung) gegebenenfalls auch ein Nadelvlies-Belag (auch über einer Fußbodenheizung) verlegt werden. Beläge aus Pflanzenfasern sind relativ hart und wegen der möglichen Verletzungsgefahr bei Stürzen nicht gut für die Zimmer kleinerer Kinder geeignet.

Was die Preise angeht, so gibt es bei textilen Belägen große Spannen. Tendenziell gilt, wie bei den meisten anderen Produkten auch, daß eine hohe Qualität mehr kostet als eine niedrige. So reicht die Spanne bei Kunstfaserteppichen mit Schaumrücken von DM 5,- bis 150,- pro m^2 und mehr, während Wollteppiche bei DM 25,- pro m^2 beginnen und bis zu DM 170,- kosten können. Für einen Nadelvlies-Belag aus Synthetik-Material werden zwischen DM 10,- und 40,-, für einen aus Tierhaar etwa DM 60,- pro m^2 verlangt. Pflanzenfaserteppiche aus Sisal sind für etwa DM 35,- bis 65,- pro m^2 zu haben, während solche aus Kokos bis zu DM 115,- pro m^2 kosten können.

Auswählen

Bei der Auswahl eines Teppichbodens sollten Sie auf die folgenden Aspekte achten:

- Eignung

Treffen Sie Ihre Wahl immer unter dem Aspekt der optimalen Eignung. Ebensowenig wie Sie lange Ihre Freude an einem Belag haben, der zu wenig aushält, ist es sinnvoll, zu hohe Ansprüche an die Strapazierfähigkeit zu stellen: Diese geht fast immer mit einer höheren Umweltbelastung bei der Produktion oder aber mit einer verminderten Behaglichkeit des Belags einher. Auskunft darüber, welche Ansprüche Sie an einen textilen Belag stellen dürfen, gibt ihnen das Siegel der Europäischen Teppichgemeinschaft, das sich auf der Rückseite des Teppichs befindet. Eine „normale" Strapazierfähigkeit reicht für die meisten Räume einer Wohnung oder eines Hauses, auf jeden Fall aber für das Wohn- und das Kinderzimmer völlig aus. Im Schlafzimmer genügt auch eine „geringe" Strapazierfähigkeit, während man im Arbeitszimmer – je nach Nutzung – schon einmal eine „starke" Belastung erwarten kann. In Fluren oder auf Treppen sollten Sie auf jeden Fall einen „starken" bis „extremen" Strapazierwert veranschlagen. Für Treppen gibt es speziell gekennzeichnete Auslegware. Bedenken Sie auch, daß ein empfindlicher Belag in einer hellen Farbe eher erneuert werden muß als ein farblich gedeckter, der sich zusätzlich gut reinigen läßt.

- Aussehen

Stellen Sie sich beim Kauf immer die Frage, ob Ihnen der Belag auch in zehn Jahren noch gefallen wird. Das heißt im Klartext: Ein Belag, der allzu modisch ist, läuft Gefahr, vor Ablauf seiner Lebensdauer ersetzt zu werden. Das gilt insbesondere für ungewöhnliche Farben und auffällig gemusterte Exemplare. Eine auf Dauer kostspielige und umweltbelastende Angelegenheit!

• Rückenmaterial

Bevorzugen Sie Bodenbeläge ohne Rückenbeschichtung oder mit einem textilen Zweitrücken. Sie reduzieren damit das Risiko von Ausdünstungen. Außerdem können solche Beläge mechanisch befestigt (= verspannt) werden, womit eine Luftbelastung durch die Inhaltsstoffe des Klebers vermieden wird. Der geringere Gehkomfort im Vergleich zu einem Schaumrücken kann durch das Unterlegen von Filzpappe oder Wollfilz ausgeglichen werden.

• Wolle / Tierhaare

Wer sich besonders ökologisch verhalten will, verzichtet bei Teppichen aus reiner Schurwolle auf eine Färbung. Auch wer Beläge aus Wolle (nicht Schurwolle) kauft, schont die Umwelt. Der Unterschied: Während Schurwolle vom lebenden Tier geschoren wird, stammt „Wolle" von toten Tieren und/oder es handelt sich um Recyclingmaterial. Insofern sind solche Beläge als eine gute Verwertung zu sehen. Allerdings: Selbst wenn sie sich rein äußerlich nicht von ihren Schurwolle-Kollegen unterscheiden müssen, die besondere Schmutzunempfindlichkeit von reiner Schurwolle haben sie eingebüßt – dafür sind sie aber auch preisgünstiger.

• Kunstfasern

Bei Kunstfaserteppichen sollten Sie solche aus Polyamid oder Polyester bzw. entsprechende Mischgewebe bevorzugen. Diese Fasern verbrauchen bei der Herstellung relativ wenig Energie und sind vergleichsweise strapazierfähig. Eine ökologisch besonders unproblematische Faser ist das Polypropylen. Allerdings muß man bei ihr Abstriche hinsichtlich der Strapazierfähigkeit machen.

• Pflanzenfasern

Bei Belägen aus Pflanzenfasern sollten Sie solche aus Kokos oder Sisal den weniger strapazierfähigen aus Aloe vorziehen.

• Was wir nicht empfehlen

Einige Materialien sollten Sie aus ökologischen oder gesundheitlichen Gründen meiden. Das betrifft besonders das **PVC**. Anders als bei den glatten Bodenbelägen wird es hier nicht als Oberfläche eingesetzt, wohl aber kommt es als Rücken zum Einsatz. Das betrifft insbesondere selbstliegende Teppichfliesen mit sogenannter Schwerbeschichtung. Gleiches gilt für **Bitumen**, der ebenfalls als Rückenmaterial für Teppichfliesen Verwendung findet. Zwar wurden die Gehalte an krebserzeugenden polycyclischen aromatischen Kohlenwasserstoffen gegenüber früheren Jahren deutlich gesenkt, zumindest eine Belästigung durch Teerölgeruch kann aber nicht ausgeschlossen werden. **Lösemittelhaltige Teppichkleber** sind nach dem Stand der Technik **grundsätzlich überflüssig**. Wenn sich ein Untergrund nicht für andere Verlegemethoden eignet (z. B. Nadelfilz auf Holzböden), so kann man ihn meist so vorbereiten, daß diese Art der Verklebung unnötig wird (z. B. durch Verlegeplatten). Lassen Sie sich diesbezüglich nichts einreden. Wenn Sie einen Fachbetrieb damit beauftragen, den Boden zu verlegen, sollten Sie die Art der Verlegung und die dafür verwendeten Materialien zuvor schriftlich vereinbaren.

Da die Art des Teppichbodens und des Untergrunds die Verlegemethode – oder umgekehrt – der Untergrund und die Verlegemethode die Art des Teppichbodens bestimmen, sollten Sie sich vor dem Kauf darüber klar werden, welche Möglichkeiten Sie haben. Dabei kann Ihnen unsere ☞ Übersicht Optimale Verlegetechniken für textile Bodenbeläge (S. 219) helfen.

• Geruch

Nehmen Sie zum Einkaufen Ihre Nase mit! Zwar sollen die meisten Teppichböden nach spätestens acht Wochen ihren sogenannten Neugeruch verloren haben. Wenn Sie aber einen Geruch absolut nicht ausstehen können, dann sind acht Wochen eine lange Zeit. Außerdem ist es leider eben nicht gesichert, daß die Belästigung dann auch wirklich aufhört. Sollte dies bei Ihnen der Fall sein, so können Sie sich beim Deutschen Teppichforschungsinstitut (TFI) beschweren (Adresse auf S. 229). Wissenschaftliche Untersuchungen über die gesundheitlichen Auswirkungen von Verunreinigungen der Raumluft messen den Geruchsstoffen aus Bodenbelägen jedenfalls eine große Bedeutung zu.

- Öko-Siegel

„Warum soll ich mir Gedanken über die Umweltverträglichkeit von Teppichböden machen? Schließlich gibt es entsprechende Kennzeichnungen." Vielleicht geht Ihnen diese Frage gerade durch den Kopf. Wahrscheinlich haben Sie dann auch ein Zeichen vor Augen, das immer häufiger auf textilen Bodenbelägen auftaucht – das Signet der „Gemeinschaft umweltfreundlicher Teppichboden e. V. (GuT)". Dazu ist zunächst einmal zu sagen, daß keines der Umweltzeichen Sie davon befreien kann, eigene Überlegungen anzustellen, beispielsweise zur Eignung oder zur Kurzlebigkeit von Moden. Außerdem erfassen alle Zeichen nur Teilbereiche der tatsächlichen ökologischen Auswirkungen. Die Kriterien, nach denen z. B. das GuT-Zeichen „Teppichboden schadstoffgeprüft" vergeben wird, setzen Standards hinsichtlich der Freisetzung bestimmter Schadstoffe. Dazu gehört auch eine Geruchsprüfung. Die Mitglieder des GuT sind selbst Herstellerfirmen, so daß es nicht weiter verwunderlich ist, daß sich das Zeichen inzwischen auf etwa 80 % aller Teppichböden befindet. Als ein zusätzliches positives Merkmal mag es beim Kauf eines Bodens immerhin hilfreich sein. Sie sollten allerdings auch wissen, daß bei den entsprechend gekennzeichneten Produkten die Verwendung von Materialien wie PVC nicht ausgeschlossen und eine Mottenschutzausrüstung sogar Voraussetzung ist.

Ein aussagekräftigeres, wenn auch ebenfalls nicht umfassendes Zeichen ist dagegen das TÜV-Bayern-Umweltsiegel. Es existiert allerdings erst seit 1995 und ist bisher auf nur wenigen Produkten zu finden. Es ist nicht zu verwechseln mit dem ebenfalls vom TÜV Bayern vergebenen Zeichen „Auf Schadstoffe geprüft", das in den Anforderungen sehr viel lascher ist. Weitere anbieterunabhängige Zeichen sind der „Öko-Tex Standard 107" und der „Weiße Schwan". Sie sind ebenfalls auf einigen Belägen anzutreffen.

Als einziges Signet eines einzelnen Herstellers hat es „greenline" bisher zu einiger Bedeutung gebracht. Bei aller Skepsis gegenüber Selbstauszeichnungen muß man in diesem Fall anerkennen, daß es eine ganze Reihe ökologischer und gesundheitlicher Aspekte abdeckt.

Als Fazit läßt sich festhalten: Alle genannten Zeichen können eine zusätzliche Entscheidungshilfe beim Kauf sein. Ob ein Zeichen Ihre persönlichen Ansprüche an Ökologie und Gesundheit hinreichend widerspiegelt, sollten Sie gegebenenfalls beim Händler selbst klären. Lassen Sie sich von ihm die Vergaberichtlinien erklären oder besser gleich schriftlich geben. Eine Übersicht der Zeichen mit näheren Erläuterungen finden Sie auch in dem Ratgeber „Textile Bodenbeläge" der Verbraucher-Zentralen (s. S. 226).

Tip

Es tut einem Teppichboden nicht gut, wenn er geknickt wird. Falls Sie ihn also selbst transportieren wollen, so sollten Sie ihn um eine Papprolle wickeln lassen. Als Unterlage beim Transport auf dem Autodach kann eine Leiter dienen. So kommt der Teppich ohne Beschädigung zu Ihnen ins Haus.

Verlegen

Zunächst sollten Sie sich überlegen, ob ein eventuell vorhandener alter Belag unter dem neuen liegenbleiben soll. Das ist immer dann möglich, wenn es sich bei dem alten Boden um einen relativ unbeschädigten glatten Belag aus Linoleum oder PVC, Fliesen oder auch Stein handelt. Soll der Teppich verspannt werden, kann sogar ein kurzfloriger Teppichboden oder ein Nadelvlies-Belag liegenbleiben. Sie können in dem Fall auf eine separate Unterlage verzichten. Voraussetzung ist jedoch, daß der alte Boden vor dem Verlegen des neuen gründlich gereinigt wird (☞ Pflegen, S. 215), weil er sonst später unangenehm riechen kann. Müssen oder wollen Sie den alten Belag entfernen, dann finden Sie eine entsprechende Arbeitsanweisung unter ☞ Alte Beläge aufnehmen (S. 151). Oft wird bei dieser Arbeit der Estrich beschädigt, oder es bleiben Reste darauf zurück. Sie kommen dann nicht umhin, den Untergrund vor der Neuverlegung zu behandeln (☞ Der richtige Untergrund, S. 134).

Das Verspannen ist übrigens eine handwerklich sehr anspruchsvolle Arbeit. Der Belag wird dabei auf Nagelleisten befestigt. Bestimmte Beläge mit einem Rücken aus Polypropylen können auch auf Leisten mit Klettbändern verspannt werden (auf entsprechende Verlegehinweise achten!). **Das Verspannen sollte also nur von Fachleuten ausgeführt werden.** Dadurch wird es zwar teurer als andere Verlegemethoden, man vermeidet aber den Einsatz von Chemikalien und damit eine mögliche Belastung der Raumluft durch Inhaltsstoffe von Klebern oder Fixierern.

Um sich unnötige Kosten und zusätzliche Arbeit zu ersparen, fertigen Sie unbedingt zu Beginn der Arbeiten einen Verlegeplan an. Wie man das macht, können Sie unter ☞ Verlegeplan anfertigen (S. 160) nachlesen.

Sie brauchen → **Werkzeuge:**
- Teppichmesser (ca. DM 3,-)
- Metallschiene (Teppichschiene) oder Stahllineal
- Zollstock (vorhanden)
- Kantenschienen oder spezieller Kantenschneider (ca. DM 16,- bis 20,-)
- Bohrmaschine (vorhanden)
- robuste Schere (ca. DM 5,- bis 20,-)

Verbrauchsmaterialien:
- Klingen für Teppichmesser (Trapez und Haken) (ca. DM 2,50 bis 4,- für je 5 Stück)
- einseitiges Klebeband (ca. DM 10,- für 10 m)
- ggf. Holzleim (ca. DM 15,50 für 550 g)
- Übergangsschienen nach Bedarf (ca. DM 12,- bis 22,- pro m)
- ggf. Fußleisten (DM 11,- bis 17,- für 2,5 m, aus Holz)

So geht's →

• Teppichboden grob zuschneiden

Schneiden Sie den Belag zunächst gemäß Ihrem Verlegeplan mit einer robusten Schere grob zu, also mit ca. 3 bis 5 cm Übermaß an allen Seiten. Teppiche mit einem Flor aus Schlingen schneiden Sie am besten entlang der Florgasse. Durchschneiden Sie nicht die Schlingen, sonst franst der Rand aus! Für langflorige Velours benutzen Sie ein Teppichmesser mit Trapezklinge. Schneiden Sie den Belag damit von der Rückseite aus durch. Legen Sie ihn dann flächendeckend aus, so daß er parallel zu den Wänden, bei nicht rechtwinkligen Wänden auf jeden Fall parallel zu der Hauptfensterfront ausgerichtet ist. Wenn Sie mehrere Bahnen des Belags für das Auslegen eines Raumes benötigen, so sollten Sie sie um 5 bis 10 cm überlappend mit gleicher Richtung des Flors auslegen. Schneiden Sie dann mit dem Teppichmesser entlang einer Teppichschiene durch beide Bahnen hindurch. Die Schnittkanten werden nur so exakt aneinander passen. Achten Sie darauf, daß die Bahnen während des Schneidens genau parallel liegen und nicht verrutschen.

Bedenken Sie immer, daß Teppichmesser sehr scharfe Werkzeuge sind und die Verletzungsgefahr entsprechend groß ist!

Tip Falls die Nähte auszufransen drohen, können Sie sie mit einem Gemisch aus Holzleim und Wasser im Verhältnis 1:1 an der Mittelschicht fixieren.

Am besten lassen Sie den Belag dann über Nacht liegen, damit er sich akklimatisieren kann. Falls Sie den Belag mit Fixierer oder Dispersionskleber befestigen wollen, dann erfolgt der Feinschnitt erst im Anschluß daran. Lesen Sie in diesen Fällen bitte an den entsprechenden Stellen weiter (☞ Mit Fixierer befestigen, S. 214 bzw. ☞ Mit Dispersionskleber verkleben, S. 215).

- Teppichboden passend zuschneiden

Arbeiten Sie an den Wänden des Raumes entlang. Machen Sie an den Ecken Entlastungsschnitte genau aus der Ecke heraus nach außen, so daß der Teppichboden ohne Falten zu werfen in die Kanten zwischen Boden und Wand paßt. Drücken Sie den Belag fest in die Kante und schneiden Sie mit dem Teppichmesser daran entlang. Wer will, kann dafür auch spezielle Kantenschienen benutzen, zwischen denen der Belag eingeklemmt und dann paßgenau und gerade abgeschnitten wird. Dazu muß die Wand aber absolut gerade sein. Noch einfacher geht es mit einem Kantenschneider für Teppiche. Er wird fest in den Winkel zwischen Boden und Wand gedrückt. Beim Führen an der Kante entlang wird der Belag dann mit dem eingebauten Messer geschnitten.

An Wandvorsprüngen schneiden Sie den Teppich vorsichtig genau an der Kante ein, bis er glatt am Boden anliegt. Dann erst werden die Kanten auf beiden Seiten geschnitten.

Verschnitt sollten Sie übrigens nicht einfach wegwerfen, sondern auf jeden Fall eine ausreichende Menge für eventuelle Reparaturen zurückbehalten (☞ Textile Bodenbeläge / Reparieren, S. 218).

Wenn Sie den Teppich fixiert oder verklebt haben, so müssen Sie jetzt nur noch die Ränder befestigen.

Wo der Belag in den Türen zu angrenzenden Räumen hin endet, sollten Sie nach der Verlegung auf jeden Fall Übergangsschienen aus Metall anbringen. Wie Sie das machen und wie Sie am besten mit neuen Fußleisten umgehen, erfahren Sie im Kapitel ☞ Polyolefinbeläge verlegen / Abschließende Arbeiten, S. 160.

- Lose verlegen

Das lose Verlegen des Belags funktioniert nur bei Räumen mit weniger als 20 m^2 Grundfläche. Außerdem darf die Beanspruchung des Belags beispielsweise durch Stuhlrollen nicht zu groß sein. Bei Fußbodenheizung *muß* der Belag vollflächig verklebt werden, weil sich sonst isolierende Luftpolster bilden.

Sie brauchen ➤ **Zusätzliches Verbrauchsmaterial:**
- doppelseitiges wiederaufnehmbares Teppichklebeband (ca. DM 22,- für 25 m)

So geht's ➤ Nach dem Zuschneiden des Teppichbodens müssen Sie die Bahnen an den Stoßkanten (soweit vorhanden) von unten mit doppelseitigem Teppichklebeband zusammen- und am Untergrund ankleben. Dabei wird zunächst das Band mittig entlang der Stoßkante auf den Untergrund geklebt. Dann entfernen Sie die obere Schutzfolie und kleben zunächst die eine, dann die andere Bahn fest. Achten Sie dabei darauf, daß die Bahnen unmittelbar aneinander zu liegen kommen. Auch die Verwendung beidseitig klebenden Bandes an den Rändern und vor allem in den Türen ist zu empfehlen.

Der Belag wird dadurch gegen Verrutschen gesichert. Verwenden Sie dafür nach Möglichkeit wiederaufnehmbares Klebeband. Sonst müssen Sie damit rechnen, daß beim späteren Entfernen der Estrich beschädigt wird!

Tip Diese Verlegemethode wird auch auf Treppen angewendet. Das doppelseitige Klebeband wird in Streifen jeweils an den Kanten der Tritt- und der Setzstufen angebracht.

- Mit Verlegenetz fixieren

Sie brauchen

Zusätzliches Verbrauchsmaterial:
– Verlegenetz oder Haftgitter

Kosten: ca. DM 15,- pro m^2

So geht's

Das Verlegenetz oder Haftgitter ist als Bahnenware von circa einem Meter Breite erhältlich. Es ist selbsthaftend und auf beiden Seiten von einer Folie abgedeckt. Mit einer Schere können Sie die passenden Bahnen leicht zuschneiden. Ziehen Sie dann (nur!) die untere weiße Kunststoff-Folie ab und kleben das Netz am Boden an. Schlagen Sie den zugeschnittenen Belag zur Hälfte um und entfernen Sie auf dem freigelegten Stück die obere Folie von dem Verlegenetz. Drücken Sie den wieder zurückgeschlagenen Teppichboden darauf an und verfahren Sie bei der anderen Hälfte entsprechend. Beginnen Sie dabei an der Hauptfensterseite.

Übrigens läßt sich später nicht nur der Teppichboden problemlos wieder aufnehmen. Auch das Klebenetz kann man leicht vom Untergrund ablösen und sogar wiederverwenden (wenn Sie dafür sorgen, daß es nicht mit sich selbst verpappt).

Ist der zu verlegende Teppichboden zu dünn, zeichnet sich die Gitterstruktur ab. Dann empfiehlt es sich, statt des Verlegenetzes einen mit Wasser anzurührenden oder einen flüssigen wasserlöslichen Teppichfixierer zu verwenden (☞ Mit Fixierer befestigen, s.u.). Sie können statt dessen, wie auch um eine bessere Wärme- oder Trittschalldämmung zu erreichen, zwischen Verlegenetz und Teppichboden eine Zwischenlage aus Filzpappe oder Wollfilz verlegen. Darauf muß der Teppich dann allerdings mit Fixierer befestigt werden.

- Mit Fixierer befestigen

Sie brauchen ➤ **Zusätzliches Werkzeug:**

– Schaumstoffrolle (ca. DM 15,-)

Zusätzliches Verbrauchsmaterial:

– Teppichfixierer (pulverförmig oder flüssig) (ca. DM 40,- für 3 kg flüssigen Fixierers entspr. 8 - 9 m^2 bei Gewebérücken und 13 -15 m^2 bei anderen Rücken)

Kosten:

– ca. DM 4,50 bis 5,- pro m^2 bei Geweberücken
– ca. DM 2,70 bis 3,10 pro m^2 bei Schaumstoffrücken oder glattem Rücken

So geht's ➤ Nachdem Sie den Teppichboden wie oben beschrieben zugeschnitten haben (☞ Teppichboden grob zuschneiden, S. 210), rühren Sie pulverförmigen Teppichfixierer gemäß den Packungsangaben mit Wasser an. Flüssiger Fixierer ist bereits gebrauchsfertig. Schlagen Sie den ausgelegten Teppich zur Hälfte zurück. Dann wird die Masse mit einer Schaumstoffrolle auf den Untergrund oder die Zwischenlage aus Filzpappe oder Wollfilz aufgetragen, der Teppich eingelegt und mit einer anderen Rolle gut angedrückt. Danach behandeln Sie die andere Hälfte entsprechend. Nur bei pulverförmigen Fixierern können Sie übrigens einigermaßen sicher sein, daß später keine Inhaltsstoffe ausgasen. Danach schneiden Sie den Belag rundherum paßgenau zu und fixieren die Ränder (☞ Teppichboden passend zuschneiden, S. 211).

- Mit Dispersionskleber verkleben

Die vollflächige Verklebung mit lösemittelfreiem Dispersionskleber ist nur bei stark beanspruchten Böden erforderlich, wie z. B. durch Stuhlrollen. Die Befestigung erfolgt analog zu der mit flüssigem Fixierer (s. o.).

Zusätzliches Werkzeug: ← **Sie brauchen**
- Schaumstoffrolle (ca. DM 15,-)

Zusätzliches Verbrauchsmaterial:
- Lösemittelfreier Dispersionskleber (GISCODE D 1!) (ca. DM 40,- für 2,5 kg entspr. 6 - 8 m^2)

Kosten:
- ca. DM 5,- bis 7,- bei Geweberücken
- ca. DM 3,- bis 3,70 bei Schaumrücken oder glattem Rücken

Pflegen

Die richtige Pflege leistet den größten Beitrag dafür, daß man lange etwas von seinem Teppichboden hat. Ganz besonders wichtig ist die übliche Reinigung durch Staubsaugen. Das sollten Sie Ihrem Teppich regelmäßig und oft gönnen – und das hat gute Gründe. Zum einen wird dadurch loser Schmutz entfernt, bevor er sich fest in die Faser hineintritt. Zum anderen werden scharfkantige Sandkörnchen aus dem Flor entfernt, die beim Begehen die Fasern durch Reiben zerstören können.

Tip

Bei den meisten Teppichböden kann die Reinigungswirkung durch die Verwendung von elektrischen Bürstvorsätzen verbessert werden. Wessen Staubsauger nicht über eine Anschlußmöglichkeit für ein solches Gerät verfügt, der braucht deswegen aber nicht zu verzweifeln. Bürstvorsätze ohne Motor sind für alle gängigen Staubsauger erhältlich. Sie arbeiten zwar nicht so effektiv wie ihre elektrischen Kollegen, aber immer noch besser als die bloße Düse.

Weniger oft, das heißt, nur wenn wirklich nötig, sollten Sie eine Grundreinigung vornehmen. Nicht jedoch wegen einiger einzelner Flecken. Die beseitigt man am besten separat (s. u.). Für die Grundreinigung eignet sich am besten das **Shampoonieren** mit speziellen Shampooniergeräten. Das geht leider nicht bei lose verlegten oder lediglich fixierten Belägen, weil der Boden dabei stark durchfeuchtet wird und Wellen schlägt. Aus dem gleichen Grund sollte man es auch nicht bei Teppichböden mit einer Nutzschicht oder einem Zweitrücken aus Pflanzenfasern anwenden. Die würden nämlich einlaufen. Das dafür nötige Gerät brauchen Sie nicht zu kaufen, sondern können es in Drogerien ausleihen. Sie zahlen dann lediglich das Reinigungsmittel und eine Ausleihgebühr. Allerdings müssen Sie etwas Glück haben, denn die Mehrzahl der Drogerien bietet heute die einfacher zu bedienenden Sprühextraktionsgeräte an.

Das **Sprühextraktionsverfahren** ist ebenfalls für die Grundreinigung gut geeignet. Es funktioniert, indem Wasser mit Reinigungmittel vermischt auf den Teppichboden aufgesprüht und im gleichen Arbeitsgang wieder aufgesaugt wird. Weil der Boden dadurch nur kurz und nicht sehr intensiv durchfeuchtet wird, eignet sich das Verfahren auch für mit wasserlöslichen Fixierern befestigte Beläge, die sich sonst ablösen würden.

Ansonsten gelten die gleichen Verwendungsbeschränkungen wie beim Shampoonieren. Im Gegensatz zu diesem Verfahren besteht bei der Sprühextraktion aber die Gefahr, daß der Teppich etwas schneller wieder anschmutzt.

Überhaupt besteht der **Nachteil aller Grundreinigungen** darin, daß die Anti-Schmutz-Imprägnierung des Teppichs herausgewaschen wird und er deshalb nach einer solchen Behandlung grundsätzlich etwas leichter wieder anschmutzt. Deshalb sollten Sie die Behandlung auch nicht unnötigerweise vornehmen, sondern so lange wie möglich hinausschieben. Von Sprays, mit deren Hilfe die sogenannte Anti-Soiling-Imprägnierung wieder aufgebracht werden soll, raten wir Ihnen aufgrund der Chemikalienbelastung ab.

Bei allen textilen Beläge oder Verlegearten, für die sich die Sprühextraktion oder das maschinelle Shampoonieren nicht eignen (Pflanzenfasern in Nutzschicht oder Zweitrücken oder lose verlegt), bleiben Ihnen – als die beiden gründlicheren Reinigungsarten – nur die mit **Sprühreiniger** oder **Teppichschaum**. Reinigungspulver leisten demgegenüber eher wenig. Das Reinigungsmittel bzw. der Schaum muß mit einem Staubsauger möglichst vollständig – mit einer Turbodüse (s. o.) – entfernt werden, damit nicht etwa zurückbleibende Reste den Schmutz im Teppich festhalten können. Neutralreiniger ist hier ausnahmsweise einmal unangebracht. Er hinterläßt einen klebrigen Film auf der Teppichfaser, der einer schnellen Wiederanschmutzung Vorschub leistet.

Mit der **Beseitigung einzelner Flecken** sollten Sie nicht lange zögern. Sie lassen sich um so besser entfernen, je frischer (feuchter) sie sind. Flüssigkeiten saugen Sie zunächst mit einem Lappen oder Papiertuch unter leichtem Tupfen auf. Versuchen Sie dann mit einem mit lauwarmem Wasser getränkten Lappen unter leichtem (!)

Reiben noch mehr zu entfernen. Erst danach sollten Sie dem Fleck mit dem trockenen Schaum von Feinwaschmitteln oder mit Teppichschaum unter kräftigerem Reiben von außen nach innen zu Leibe rücken. Achtung: Tun Sie letzteres nicht bei Wollteppichen. Sie nehmen es übel, indem sie an der entsprechenden Stelle verfilzen. Fleckentferner ist das letzte Mittel, weil er möglicherweise die Farbe gleich mit entfernt. Probieren Sie ihn also erst an einer Stelle aus, die man nicht sieht.

Reparieren

Über kurz oder lang bekommt jeder Teppichboden Druckstellen von Stuhlbeinen oder Möbelfüßen. Das sieht nicht sehr gut aus, braucht für Sie aber kein Grund zu sein, gleich einen neuen zu kaufen. Manchmal reicht es, wenn Sie die betroffenen Stellen mit einem Messerrücken o. ä. gegen den Strich reiben, um so den Flor wieder aufzurichten. Wenn Sie ein Dampfbügeleisen haben oder sich eines leihen können, geht's vielleicht noch leichter. Mit etwas Dampf werden die Fasern weich gemacht. Anschließend kann man sie ganz leicht mit einer harten Bürste wieder aufrichten. Selbst hartnäckige Flecken oder Brandlöcher sind nicht unbedingt ein Grund dafür, einen Teppichboden auszurangieren. Ausnahmslos jeder textile Belag läßt sich nämlich reparieren, unabhängig von der Art seiner Verlegung. Die einzige Voraussetzung ist, daß Sie einige Stücke Verschnitt zurückbehalten haben. Kleine Löcher oder Flecken können Sie mit einem **Locheisen** (DM 10,- bis DM 50,-, je nach Durchmesser) ausstanzen. Bei einem verklebten Schaumrücken müssen Sie dafür sorgen, daß keine Reste auf dem Untergrund verbleiben. Mit dem gleichen Eisen wird ein Stück aus dem Reststück ausgestanzt und mit doppelseitigem Klebeband in der Lücke befestigt. Achten Sie darauf, daß der Flor in der gleichen Richtung liegt, sonst fällt die Stelle auf. Bei größeren Stellen gehen Sie im Prinzip genauso vor. Runde Flicken können Sie z. B. unter Zuhilfenahme einer Dose oder eines Topfdeckels mit einem Teppichmesser ausschneiden. Damit das neue Stück an den Rändern nicht ausfranst, sollten Sie die Schnitte auf einer harten Unterlage und mit einer scharfen (!) Klinge durchführen. Bei rechteckigen Stücken legen Sie ein grob zugeschnittenes Reststück so auf die schadhafte Stelle, daß die Richtung des Flors die gleiche ist und auch die Schlingenreihen in gleicher Linie stehen. Dann schneiden Sie entlang einer Metallschiene mit dem Teppichmesser durch beide Beläge hindurch. So erhalten Sie ein exakt passendes neues Stück.

OPTIMALE VERLEGETECHNIKEN FÜR TEXTILE BODENBELÄGE

	Untergrund		
Material	Kunststoffbelag Linoleum Stein / Fliesen	Holzdielen* Parkett* Spanplatten ebener Estrich	Festverklebte und abgenutzte Beläge oder Nadelfilz
Planschaumrücken	1. Verlegenetz 2. Fixierer (Pulver)	1. Verlegenetz 2. Fixierer (flüssig)	1. Verlegenetz
Prägeschaumrücken	Verlegenetz		
Durchgewebt oder mit textilem Zweitrücken	1. Verspannen (Fachbetrieb) 2. Verlegenetz		Verspannen (Fachbetrieb)
Pflanzenfasern	Verlegenetz		
Nadelfilz	Vollflächig verkleben		

* Holzunterböden sollten auf ihre Wasserverträglichkeit getestet werden. Anmerkung: Wenn der Raum nicht größer als 20 m^2 ist und der Boden nicht durch Stuhlrollen beansprucht wird, genügt die lose Verlegung (ggf. Teppichklebeband an den Rändern).

EIN ENGEL FÜR DIE UMWELT

Auch wenn der „Blaue Engel" weder ein Alleskönner ist, noch ohne Fehl und Tadel – als Orientierungshilfe gerade im Heimwerkerbereich ist er durchaus wertvoll. Denn im Gegensatz zu anderen umweltbezogenen Kennzeichnungen, die oft nichts anderes als verdeckte Werbung sind, wird er nach genau festgelegten und damit nachprüfbaren Kriterien vergeben. Sie werden von einer neutralen „Jury Umweltzeichen" festgelegt. Seit einigen Jahren wird dabei verstärkt eine ganzheitlich ökologische Betrachtungsweise herangezogen. Bei den Lacken sehen sie z. B. so aus:

Lacke mit dem „Umweltzeichen, weil schadstoffarm" dürfen z. B. keine krebserregenden, erbgutverändernden und fruchtschädigenden Inhaltsstoffe enthalten. Außerdem müssen sie frei sein von Blei, Cadmium und Chromat-Pigmenten, von bioziden Stoffen, außer Konservierungsmitteln (0,5 Gewichts-Prozent). Ihr Maximalgehalt an organischen Lösemitteln ist ebenso begrenzt (High-Solids: 15 Gewichts-Prozent, wasserverdünnbare Lacke und Lasuren: 10 %) wie ihr Formaldehyd-Gehalt (maximal 10 mg pro kg). Zum Vergleich: Die konventionellen festkörperreichen Lacke haben einen Lösemittelanteil von 40 bis 60 % und müssen, was den Schadstoffgehalt betrifft, lediglich die weniger strengen Bestimmungen des Chemikaliengesetzes und seiner Verordnungen erfüllen.

Bei der Produktgruppe „Lacke" sind Verbote und Beschränkungen von Inhaltsstoffen die Voraussetzung für die Vergabe des Umweltzeichens. Bei anderen Produkten wird dagegen ein festgelegter Anteil bestimmter Inhaltsstoffe vorgeschrieben. Papiertapeten zum Beispiel müssen einen Altpapieranteil von 60 % (Rauhfaser 80 %) enthalten.

Zweierlei haben Produkte, die mit dem „Blauen Engel" ausgezeichnet sind, mit herkömmlichen Produkten gemeinsam: Zum einen müssen sie genauso gebrauchstauglich und sicher sein. Zum anderen sind auch sie bei der Benutzung und bei der Entsorgung mit Vorsicht zu behandeln. Alle Sicherheits- und Warnhinweise der Hersteller müssen genau berücksichtigt werden. Vor allem, wenn man mit Kindern lebt, muß man beachten, daß auch Lacke mit dem Umweltengel nicht eßbar sind. Wer aber nur ein „umweltfreundliches" Produkt kauft – egal ob mit oder ohne Umweltengel –, der hat seine Möglichkeiten nicht ausgeschöpft. So kann er manchmal auf einen Neukauf ganz verzichten, was für die Umwelt in jedem Fall die bessere Alternative darstellt. Ein Beispiel: Es ist allemal umweltverträglicher, eine vorhandene Vinyltapete mit Dispersionsfarbe zu streichen, als sie zu entfernen und neue Rauhfaser – mit Umweltengel – zu verkleben (die ja ebenfalls gestrichen werden muß). Mindestens genau so wichtig wie die Entscheidung über den Kauf ist jedoch der Umgang mit den Produkten. So kann – überspitzt gesagt – ein mit dem „Blauen Engel" ausgezeichneter Lack, wenn eine größere Menge davon in den Ausguß gekippt wird, mehr Schaden in der Umwelt anrichten, als die gleiche Menge stark lösemittelhaltigen Lacks, die als Sondermüll verbrannt wird.

Noch ein Wort zu den Kosten umweltverträglichen Verhaltens. Wer sein Eigentum pflegt und notfalls repariert, spart nicht nur Geld, sondern erweist auch der Umwelt einen großen Dienst. Das scheint sich allerdings bisher kaum herumgesprochen zu haben. Noch immer schauen viele Menschen beim Einkauf hauptsächlich auf den Preis – und zahlen langfristig drauf. Billigprodukte haben eine kürzere Lebensdauer, verschleißen schneller und müssen deshalb häufiger ersetzt werden. Darunter leidet die Haushaltskasse ebenso wie die Umwelt.

Denn bei der Herstellung und beim Transport von Produkten entstehen in jedem Fall Schadstoffe – vom zusätzlichen Abfall ganz zu schweigen.

Umweltverträgliche Produkte – ob mit oder ohne den „Blauen Engel" – sind meistens nicht in den unteren Preiskategorien anzutreffen. Wirkliche Qualität gibt's nicht umsonst. Auf der anderen Seite ist es aber auch keineswegs mehr so, daß solche Produkte überdurchschnittlich teuer wären. Wer vorbehaltlos die Preise prüft, der wird feststellen, daß sie sich – bei gleicher Qualität – im preislichen Mittelfeld der Produkte befinden – mit einer Tendenz nach oben.

Die Frage nach dem Preis führt uns auch auf einen zentralen Konflikt im Bereich der umweltverträglichen Produkte. Die Frage, was besser sei, der „Blaue Engel" oder die – in aller Regel teureren – Naturfarbenprodukte, hat alle Züge eines Glaubenskampfes. Letztere sind in der Regel nicht mit dem Umweltzeichen ausgestattet. Die Naturfarbenhersteller verfolgen nach eigenem Bekunden eine andere Philosophie als jene, die hinter dem Umweltzeichen steht. Deshalb beantragen sie das Umweltzeichen gar nicht erst. Allerdings würden dessen Kriterien von den Naturfarben oft nicht erfüllt werden. Das liegt daran, daß natürliche Grundstoffe in ihren stofflichen Eigenschaften weit weniger flexibel sind als synthetische, die mit den Mitteln der modernen Chemie ja quasi maßgeschneidert werden können. Demgegenüber enthalten Naturfarben fast durchgängig nachwachsende und nicht knappe Rohstoffe. Dafür kommen sie oft von sehr weit her und verbrauchen beim Transport viel Energie. Auch die gesundheitlichen Auswirkungen natürlicher Lösemittel sind nicht weniger problematisch als die der heute verwendeten synthetischen Lösemittel. Für Allergiker stellen sie oft sogar ein höheres Risiko dar. Auf der anderen Seite werden für solche Produkte keine Stoffe mit unbekannten Risiken verwendet, wie dies bei synthetischen immer der Fall sein kann. Die Deklaration der Inhaltsstoffe ist bei den Naturfarbenherstellern vorbildlich. Ein Pauschalurteil in dem Sinne, daß eine der beiden Gruppen grundsätzlich besser sei als die andere, kann man also nicht fällen. Es kommt immer auf die Produktgruppe oder sogar das einzelne Produkt an.

Sie haben sich für umweltfreundliches Heimwerken interessiert. Wir dürfen also davon ausgehen, daß Sie auch in anderen Bereichen auf eine umweltschonende Haushaltsführung Wert legen. Zur Vertiefung einzelner Aspekte bieten Ihnen die Verbraucher-Zentralen weitere Materialien an. Eine Übersicht finden Sie im Anhang dieses Ratgebers. Eine vollständige Übersicht über alle Grundlagen für die Vergabe des „Blauen Engels" und über alle Produkte, die das Zeichen führen dürfen, ist erhältlich beim:

Umweltbundesamt
ZAD
Bismarckplatz 1
14193 Berlin

oder im Internet unter:
www.blauer-engel.de

LITERATUR UND WEITERFÜHRENDE HINWEISE:

Allgemeine Literatur

Bücher

- Kursbuch Lebensqualität; K. Langbein, M. Mühlberger, Ch. Skalnik; Kiepenheuer und Witsch, Köln 1995
- selber machen – Heimwerken; Gondrom Verlag, Bindlach 1995
- Schadstoffe in der Wohnraumluft – Gesundheitsgefahren erkennen, beseitigen und vermeiden; Verbraucher-Zentrale NRW u. a. (Hrsg.), Düsseldorf 1996
- Umweltfreundlich und gesund – Verbraucherrat von A - Z; H. Speichert, F. Brettschneider, T. Pensel; Rowohlt Verlag, Hamburg 1996
- Ratgeber Umwelt – Lexikon von Abbeizer bis Zigarette; Stiftung Warentest, Berlin 1993
- Bio Kontra Chemie? Eine Entscheidungshilfe für den umweltbewußten Umgang mit Heimwerkerprodukten; Stiftung Verbraucherinstitut, Berlin 1993
- Umweltverträglichkeit von Baustoffen; Stiftung Verbraucherinstitut, Berlin 1992
- Wohnen ohne Gift; Stiftung Warentest, Berlin 1996
- Es geht auch ohne PVC – Ein Ratgeber; F. Claus, H. Friege, D. Gremler; Rasch und Röhring 1990
- Oberflächenbehandlung und Pflege im Haus; A. Schneider; Schriftenreihe Gesundes Wohnen; Institut für Baubiologie und Ökologie, Neubeuern 1985
- Ökologische Baumaterialien – Tagungsband des zweiten Europa-Symposiums zum ökologischen Bauen 1993; Landesinstitut für Bauwesen und angewandte Bauschadensforschung NRW, 1994
- Baustoffe unter ökologischen Gesichtspunkten; Landesinstitut für Bauwesen und angewandte Bauschadensforschung NRW, 1993

Zeitschriften

- test; Stiftung Warentest, Berlin
- Öko-Test Sonderheft Bauen, Wohnen, Renovieren; Öko-Test Verlag Frankfurt/M. 1996
- Öko-Haus – Das Öko Test-Magazin Bauen Wohnen Renovieren; Öko-Test Verlag Frankfurt/M.
- selber machen; Jahreszeiten Verlag Hamburg
- selbst ist der Mann; Bauer Verlag Köln
- Bauen & Wohnen; Verlag J. Fink Kümmerly + Frey Ostfildern
- Umbauen & Modernisieren; City-Post Verlag Wien
- Profitips; Fachschriften-Verlag Fellbach

Internet

- Verbraucher-Zentrale NRW e. V.: http://www.vz-nrw.de
- Stiftung Warentest: http://www.stiftung-warentest.de
- Umweltbundesamt: http://www.umweltbundesamt.de
- Umweltzeichen „Blauer Engel": http://www.blauer-engel.de
- Öko-Test: http://www.oekotest.de
- Natur (die Zeitschrift): http://www.natur.de
- Die Verbraucher Initiative e. V.: http://www.umwelt.de/initiative/verbraucher/index.html

Fenster

Bücher

- Tapezieren, Streichen, Lackieren; W. D. Laatzen; rororo selbermachen, Rowohlt Verlag, Hamburg 1997
- Holzschutz ohne Gift? – Holzschutz und Oberflächenbehandlung in der Praxis; P. Weissenfeld; Ökobuch Verlag, Freiburg 1988

Fenster
Bücher

- Feuchtigkeit und Schimmelbildung in Wohnräumen; Arbeitsgemeinschaft der Verbraucherverbände u. a. (Hrsg.), 1999

Adressen

- Arbeitsgemeinschaft Holz e. V., Füllenbachstr. 6, 40474 Düsseldorf, Tel.: 0211 / 47 81 80
- Institut für Fenstertechnik e. V., Theodor-Gietl-Str. 7 - 9, 83026 Rosenheim, Tel.: 08031 / 261-0
- RAL Gütegemeinschaft Fenster und Holztüren e. V., Bockenheimer Anlage 13, 60322 Frankfurt/M., Tel.: 069 / 9 55 05 40

Wände
Bücher

- Tapezieren, Streichen, Lackieren; W. D. Laatzen; rororo selbermachen, Rowohlt Verlag, Hamburg 1997
- Feuchtigkeit und Schimmelbildung in Wohnräumen; AgV u. a. (Hrsg.), 1999

Fußböden
Bücher

- Fußböden verlegen; W. Diem; rororo selbermachen; Rowohlt Verlag, Hamburg 1997
- Linoleum – Der Bodenbelag aus nachwachsenden Rohstoffen; G. Förster, J. Eiffler, U. Buchholz; Die Bibliothek der Technik, Band 107; Verlag moderne industrie; Landsberg 1995
- Fußböden – Vom Naturstein bis zum Kunststoff; AgV u. a. (Hrsg.), 1998
- Textile Bodenbeläge; Verbraucher-Zentrale Niedersachsen u. a. (Hrsg.), 1996
- Schön auf dem Teppich bleiben, Informationsschriften der Verbraucher-Initiative, Bonn, o. J.

ADRESSEN

Verbraucher-Zentralen

BADEN-WÜRTTEMBERG
Paulinenstr. 47, 70178 Stuttgart
Tel. 0711-66 91 10, Fax 0711-66 91 50
e-mail: info@verbraucherzentrale.de
internet: http://www.verbraucherzentrale.de

BAYERN
Mozartstr. 9, 80336 München
Tel. 089-53 98 70, Fax 089-53 75 53
e-mail: vz-bayern@t-online.de

BERLIN
Bayreuther Str. 40, 10787 Berlin
Tel. 030-21 48 50, Fax 030-21 17 201
e-mail: mail@verbraucherzentrale-berlin.de
Internet: http//www.vzb.de

BRANDENBURG
Templiner Str. 21, Haus B und C, 14473 Potsdam
Tel. 0331-29 87 10, Fax 0331-2 98 71 77
e-mail: vz.brb@t-online.de
Internet: http//www.vzb.de

BREMEN
Altenweg 4, 28195 Bremen
Tel. 0421-16 07 77, Fax 0421-160 77 80
Verbraucherzentrale_Bremen@t-online.de

HAMBURG
Kirchenallee 22, 20099 Hamburg
Tel. 040-24 83 20, Fax 040-24 83 23 90
e-mail: 100665.216@compuserve.com
Internet: http//ourwold.compuserve.
com/homepages/VerbraucherzentraleHamburg

HESSEN
Reuterweg 51-53, 60323 Frankfurt/Main
Tel. 069-97 20 10-0, Fax 069-97 20 10-50
e-mail: vzh@verbraucher.de
Internet: http//www.verbraucher.de

MECKLENBURG / VORPOMMERN
Strandstr. 98, 18005 Rostock
Tel. 0381-4 93 98-0, Fax 0381-3 12 86
e-mail: 100750.437@compuserve.com
verbraucherzentrale_mv@compuserve.com

NIEDERSACHSEN	Herrenstr. 14, 30159 Hannover Tel. 0511-9 11 96 01, Fax 0511-9 11 96 10 e-mail: vzn@compuserve.com Internet: http//www.verbraucherberatung.de
NORDRHEIN-WESTFALEN	Mintropstr. 27, 40215 Düsseldorf Tel. 0211-38 09-0, Fax 0211-38 09-172, Fax 0211-38 09-235 (Publikationen) e-mail: vz.nrw@t-online.de Internet: http//www.vz-nrw.de
RHEINLAND-PFALZ	Große Langgasse 16, 55116 Mainz Tel. 06131-28 48-0, Fax 06131-28 48 66 e-mail: vz_rheinland-pfalz@t-online.de
SAARLAND	Hohenzollernstr. 11, 66117 Saarbrücken Tel. 0681-5 00 89-0, Fax 0681-5 00 89-22 e-mail: vz-saar@t-online.de Internet: http//www.vz-saar.de
SACHSEN	Bernhardstr. 7, 04315 Leipzig Tel. 0341-6 88 80 80, Tel. 0172-3 40 95 27, Fax 0341-6 89 28 26 e-mail: verbraucherzentrale_sachsen@compuserve.com Internet: www.vzs.de
SACHSEN-ANHALT	Steinbockgasse 1, 06108 Halle Tel. 0345-2 98 03 29, Fax 0345-2 98 03 26 e-mail: vz-sa@t-online.de Internet: http//verbraucherzentrale.com
SCHLESWIG-HOLSTEIN	Bergstr. 24, 24103 Kiel Tel. 0431-5 12 86/87, Fax 0431-55 35 09 e-mail: verbraucherzentralesh@t-online.de Internet: http//www.schleswig-holstein.de/vz-sh
THÜRINGEN	Eugen-Richter-Str. 45, 99085 Erfurt Tel. 0361-55 51 40, Fax 0361-5 55 14 40 e-mail: vz-thueringen@t-online.de Internet: http://www.th-onlinebe.de/vereine/ vz-thueringen

Sonstige Adressen

AgV (Arbeitsgemeinschaft der Verbraucherverbände)
Heilsbachstr. 20, 53113 Bonn
Tel. 0228-64 89-0, Fax 0228-64 42 58
e-mail: mail@agv.de, Internet: http//www.agv.de

Stiftung Warentest
Lützowplatz 11-13, 10785 Berlin
Tel. 030-26 31 0, Fax 030-2 61 10 74
Internet: http://www.stiftung-warentest.de

Europäische Teppichgemeinschaft e. V. (ETG)
Hans-Böckler-Str. 205, 42109 Wuppertal
Tel. 0202-75 97-0

Gemeinschaft umweltfreundlicher Teppichboden e. V. (GuT)
Schönebergerstr. 2, 52060 Aachen, Tel.: 0241-96 84 31

Teppich-Forschung-International (TFI)
Deutsches Teppichforschungsinstitut e. V.
Charlottenburger Allee 41, 52060 Aachen
Tel.: 0241-96 97 00,
Internet: http://tfi.ac-net.de

BILDNACHWEIS

Umschlagvorder- und -rückseite S. 14 -16 S. 58 - 60 S. 74 - 76 S. 122 - 124	**Bauhaus AG** (Bildmaterial)/ **Susanne Wolff** (Bildbearbeitung und Collagen)
S. 15, S. 123	**AgV**
S. 63 S. 140, 185 S. 159 S. 178, 184 S. 198 sowie alle Piktogramme	**Susanne Wolff**

C

D

E

F

Hier können wir Ihnen nur eine kleine Auswahl unseres mehr als 60 Titel umfassenden Ratgeberprogramms vorstellen. Auf Wunsch senden wir Ihnen gern die Gesamtübersicht aller Publikationen zu.

Unsere Ratgeber können Sie in den Beratungsstellen der Verbraucher-Zentralen kaufen oder bei den Herausgebern (siehe Impressum auf Seite 2) bestellen. Bitte schicken Sie weder Geld noch Briefmarken. Sie erhalten mit der Lieferung eine Rechnung. Zu den genannten Preisen (Stand: März 1999) kommen noch Porto und Versandkosten.

Fußböden

Farbe, Geruch, Beschaffenheit, Umwelt- und Gesundheitsverträglichkeit sind wichtige Kriterien für die Auswahl des richtigen Fußbodens. Wir geben in diesem Ratgeber nicht nur einen Überblick über die gängigen Böden von Naturstein bis Holz, sondern auch wichtige Tips, Verlegehinweise und Preisangaben.

112 Seiten — 10,00 DM / 5,11 €

Schadstoffe in der Wohnraumluft

Sie erfahren im ersten Teil unseres Buches alles Wissenswerte über Schadstoffe und wie Sie diese erkennen und beseitigen können. Der zweite Teil gibt umfassende Ratschläge zur gesundheitsbewußten Baustoff- und Einrichtungsauswahl und bietet einen Überblick über die wichtigsten Gütesiegel.

180 Seiten — 12,50 DM / 6,39 €

Feuchtigkeit und Schimmelbildung in Wohnräumen

Schimmelpilze ärgern Mieter und Vermieter, sind schlecht fürs Raumklima und können die Gesundheit belasten. Was Sie tun können, damit sie erst gar nicht entstehen, und mit welchen Mitteln Sie ihnen im Fall des Falles den Garaus machen können, steht in diesem Ratgeber.

64 Seiten — 8,00 DM / 4,09 €

Gemüse à la Saison

Wußten Sie, daß mehr als 40 verschiedene Gemüsesorten auf heimischem Boden wachsen? Warum also in die Ferne schweifen, wenn das Gute so nah liegt? Wir zeigen Ihnen im ersten Band 44 einheimische Gemüsesorten. Hier erfahren Sie alles über Botanik, Anbaugebiete, Handelsklassen und Nährwerte. Der zweite Band enthält über 300 Rezepte mit und ohne Fleisch rund ums Jahr.

2 Bände im Schuber, zusammen 412 Seiten 25,00 DM / 12,78 €

CD-ROM: Gemüse à la Saison

Über 500 buntgemischte Rezepte auf der Basis einheimischer Gemüsesorten, dazu Informationen über Saisonzeiten, Lagerhaltung, Zubereitung. Dies und noch einiges mehr finden Sie auf dem multimedialen CD-ROM-Ratgeber. **Hardware-Voraussetzungen:** PC mit Windows 3.1x, 95 oder 98, CD-ROM-Laufwerk, mindestens 256 Farben (besser: High-Color-Modus), Bildschirmauflösung 640x480 oder höher, 16-Bit-Soundkarte optional. 19,80 DM / 10,12 €

Obst á la Saison

Das Buch lenkt den Blick darauf, was hierzulande Bäume, Sträucher und Büsche an Fruchtigem und Kernigem tragen. Auf 116 Seiten werden im ersten Band 30 Obstsorten vorgestellt. Der zweite Band macht mit rund 240 Rezepten auf über 220 Seiten Lust auf Schälen, Schnibbeln und Schmoren – auch herzhafte Gerichte kommen nicht zu kurz.

2 Bände mit Banderole, zusammen 340 Seiten 18,00 DM / 9,20 €

CD-ROM: Obst à la Saison

Der multimediale Ratgeber enthält über 400 nicht nur süße Rezepte von Hauptgerichten, Beilagen, Aufläufen und Desserts, zur optimalen Ausnutzung von regionalen Erntezeiten. Dazu kommen geballtes Wissen zu rund 30 einheimischen Obstsorten, eine Obst-Jahresuhr sowie fruchtige Spiele. Systemvoraussetzungen wie CD-ROM Gemüse à la Saison (siehe oben). 19,80 DM / 10,12 €

Sparen und Geldanlage

Das Buch erklärt leicht verständlich die Möglichkeiten der Geldanlage. Besonders beleuchtet werden Chancen und Risiken sowie steuerliche Aspekte. Tips zum selbständigen Angebotsvergleich, zum Schutz vor unseriösen Anbietern, zur Anbieterhaftung sowie ein ABC der wichtigsten Fachbegriffe runden diesen geldwerten Ratgeber ab.

246 Seiten 18,00 DM / 9,20 €